M 1094.
A.7

DICTIONNAIRE

GEOGRAPHIQUE,

HISTORIQUE ET POLITIQUE

DE

LA SUISSE.

O fortunatos nimiùm, sua si bona norint!
GEORG. L. II.

TOME SECOND.

A NEUCHATEL.
Chez J. P. JEANRENAUD & COMPAGNIE,
Libraires, & Imprimeurs du Roi.

M. DCC. LXXV.

L

LUGANO, l'un des quatre bailliages ultra-montains, dont on a parlé à l'article LOCARNO. En allemand on le nomme *Lauis*. C'est le plus grand, le plus riche & le plus important d'entr'eux, ayant huit lieues de longueur sur cinq de largeur. Le pays est fertile en prés, en champs, en vignes, en fruits, en oliviers & en mûriers. Les orangers & les citroniers même y sont assez communs. On y trouve différentes espèces de marbre, desquels on tire grand parti, de même que des vers à soie. Il y a des lapidaires qui polissent les cristaux apportés de la Suisse. Il y a au delà de 70 paroisses & près de 50000 habitans. Le lac de *Lugano* lui est aussi très-utile, il est assez considérable, vu qu'il a huit lieues de longueur; en quelques endroits sa largeur va à trois lieues, généralement elle se borne à une.

Les Tusques furent, selon les apparences, les premiers habitans de cette contrée, ensuite les Gaulois. Les Romains s'en emparerent: ceux-ci furent chassés à leur tour. Enfin, après bien des révolutions, les ducs de Milan en furent les maîtres. Nous avons dit à l'article LOCARNO, comment elle fut sou-

Tom. II. A

mise aux Suisses. Ceux-ci envoyent à tour un baillif qui y gouverne pendant deux ans. Son titre est *capitaneo*; car en tems de guerre il commanderoit les troupes de tous les quatre bailliages. Son pouvoir est trop absolu, presqu'illimité : il juge seul toutes les affaires civiles & criminelles; il y a cependant appel devant le sindicat. Le secretaire baillival, le lieutenant baillival, les fiscaux &c. n'ont que la voix consultative ; c'est toujours un abus dangereux. Le lieutenant baillival a une jurisdiction particuliere en affaires civiles, indépendante du baillif. Il peut se changer tous les deux ans, les autres places sont à vie & à la nomination des cantons.

Le bailliage est partagé en quatre pieves, *Lugano*, Agno, Riva & Capriasca. Il jouit de beaux priviléges, le droit d'établir des loix civiles sous l'approbation cependant du syndicat, de taxer les denrées & les monnoyes, de regler les précautions concernant la santé, &c. Il a une magistrature qui s'étend sur tout le bailliage, & chaque pieve en a encore une en particulier. Annuellement il se tient une assemblée générale à *Lugano*, Loretto, ou Sorengo, chaque commune y envoye son *console*, *Lugano* en donne deux. Dans cette assemblée générale, on regle les affaires du pays, & sur-tout les dépenses publiques. Il y a quelques communautés qui ont leur propre jurisdiction, qui fournissent un contingent fixe, & qui n'envoyent point de députés à l'assemblée. On nomme celles-ci *terre separate* Les communes Vescia &

Montechio sont nommées *terre privilégiate*, en ce qu'elles ne contribuent qu'aux dépenses militaires & de santé.

Les habitans sont tous de la religion catholique romaine. La pieve de Capriasca est du diocese de Milan, les trois autres de celui de Come, dans chacune desquelles l'évêque établit un vicaire forain.

Le bourg de *Lugano* est assez étendu, il y a plusieurs belles maisons. Il s'y fait un négoce fort considérable, sur-tout en soye ; c'est le grand passage des marchandises de Suisse en Italie, qui lui procure aussi différens avantages. Il y a un chapitre d'un archiprêtre & de neuf chanoines, outre plusieurs autres couvens. La foire de bétail qui s'y tient le 13 Octobre, est de la plus grande importance, par la quantité extraordinaire de bétail qui s'y vend & qu'on tire de la Suisse. On y a aussi établi une imprimerie, qui a déjà fourni d'excellens ouvrages à l'Italie, elle est sous la protection immédiate des cantons. Morco ou Morcote, est encore un bourg bien bâti. A Agno il y a un chapitre de chanoines qui ne sont pas tenus à résidence, à l'exception du prévôt. Il y a aussi un chapitre de chanoines à Riva.

LUGNEZ, en langue du pays *Loganizza*, en latin *Vallis Leguntina*; un des hochgerichts de la ligue Grise en Suisse. Il est assez sauvage, cependant on y cultive des grains. Les habitans sont tous de la religion catholique romaine, à l'exception de Duving. Ils parlent la langue romande, un latin très-corrompu mêlé d'italien & de françois. On trouve dans ce hochgericht plusieurs eaux minérales & même des acidules. Le pays appartenoit aux barons de Bellemont. Les comtes de Misox les héritèrent. Ils vendirent leurs droits en 1483 à l'évêque de Coire, mais les habitans se rachetèrent en 1538. Ils envoyent deux députés à l'assemblée des ligues-Grises.

LUTRY, petite ville de la Suisse dans le pays de Vaud, entre Lausanne & Vevay. Une jolie plaine qui en forme l'avenue, le lac Léman qui en baigne les murs, des côteaux de vignes qui s'élèvent en amphithéâtre sur le derrière, rendent la situation de cette ville riante & agréable. Cette ville étoit bien plus considérable autrefois qu'elle ne l'est aujourd'hui. Il y avoit un prieuré qui fut réuni dans le XV siecle à la manse épiscopale de Lausanne. Les ruines que l'on trouve dans ses environs se font admirer par leur force & leur solidité. *Voy.* l'article VAUX, *la,* dont *Lutry* forme la paroisse la plus considérable.

M

MADIA, *val*, ou *Magia*, & par les Allemands *Meynthal*, pays de la Suisse, aux confins du Milanés; c'est le quatrieme & dernier bailliage des douze cantons en Lombardie. Ce n'est qu'une longue vallée étroite, serrée entre de hautes montagnes, & arrosée dans toute sa longueur par une riviere qui lui donne son nom. Le principal endroit de ce bailliage, est la ville ou bourg de *Magia*. Les baillifs qui y sont envoyés tous les deux ans par les cantons, y ont une autorité absolue pour le civil & pour le criminel.

MÆNEDORF, bailliage du canton de Zuric en Suisse, gouverné par un membre du petit conseil qui n'est pas tenu à résidence. Le canton l'acquit en 1405, de Henmann de Gesler. L'abbé de notre dame des Hermites y a des droits & des revenus considérables.

MAJEUR, *lac*, ou **LAC MAJOUR**, c'est le *lacus Verbanus* des anciens. Il appartient en partie à la Suisse & en partie à cette portion du Milanés, qui a été cédée au roi de Sardaigne : le Tesin, le Madia & d'autres fleuves se jettent dans ce lac. Il a la figure d'une coquille avec des échancrures comme les cornes de la lune, il a même dans quelques unes de ses parties une forme triangulaire. La longueur du lac doit être de 363 ftadia, fa largeur depuis mille pas jufqu'à 32 ftadia. Il eft abondant en poiffons, & par là-même il fournit une branche de commerce affez confidérable, outre les commodités qu'il procure au pays pour la facilité des tranfports. On trouve dans les environs beaucoup de minéraux, du fel; on a prétendu qu'il y avoit des mines d'or de peu de produit, des rubis nommés *rubini de Rocha nova*, des cryftaux, &c. Les habitans des environs font laborieux, induftrieux & fobres. Ils vivent principalement de laitage & de poiffons. Le pain eft rare chez eux. D'où vient qu'on parle l'allemand dans le val Strona & dans quelques autres endroits, quoique l'italien foit le langage ordinaire de toute cette province? Macaneo & Morigia ont donné de bonnes defcriptions de ce lac. Les éditions qu'il faut confulter font pour l'ouvrage de Morigia, celle de 1603, & pour celui de Macaneo, celle de 1699, donnée par Laz. Aug. Cotta fous le nom de *Stazius Trugus Catalaunus*.

MARCH, contrée très-fertile du canton de Schwitz en Suiffe, fur les bords du lac de Zuric. Elle a 3 lieues en longueur fur une à deux de largeur. Anciennement elle féparoit les Helvetiens des Rhetiens, c'eft pourquoi on lui donnoit le nom de *terminus Helvetiorum*. Aujourd'hui elle fépare l'évêché de Conftance de celui de Coire. Elle appartenoit aux comtes de Rapperfchwyl, & portoit même le nom de comté. Elle paffa enfuite dans les mains des comtes de Habsbourg, des comtes de Toggenbourg & enfuite dans celles du canton de Schwitz. Ce pays jouit de beaux priviléges, qui fe confirment annuellement à l'affemblée générale du canton de Schwitz. Il élit fon landammann & fon confeil, outre quelques autres charges & tribunaux. Les appels fe portent en confeil à Schwitz. Le tréforier de ce canton veille fur l'exécution des ordonnances fouveraines de concert avec deux confeillers du même canton. Les affaires criminelles fe portent auffi à Schwitz, mais la cour criminelle fe forme dans le pays même fous la préfidence du tréforier.

Ce pays fe partage en deux parties, la baffe & la haute *March*.

Dans la partie baffe, on remarque Altendorf, *pagus veteranus*, qui étoit le vieux Rapperfchwyl; on voit encore les ruines du fameux château de ce nom. En 1704 il y eut une chûte de montagnes qui caufa beaucoup de mal, & ce village eft menacé encore d'un pareil accident. Lachen, *ad Lacum*, eft le chef-lieu de cette contrée, un entrepôt très-confidérable des marchandifes qui paffent dans les Grifons & en Italie, ou qui en viennent. On y remarque des eaux minérales qui contiennent quelque fel, d'autres qui charient du fer, des eaux acidules, des cryftaux très-durs nommés des faux *diamans*, beaucoup de pétrifications, plufieurs efpeces de marbre & d'autres productions de la nature affez remarquables.

Dans la partie haute, on remarque furtout le village de Tuggen, *Tucconia*, actuellement éloigné d'un quart de lieue du lac de Zuric, auquel on prétend qu'il touchoit ci-devant.

MARSCHLINS, château du pays des Grisons, à 2 lieues, nord, de Coire, & à 13, sud, de Brégenz, situé dans une plaine riante au pied d'un rocher fort escarpé, résidence d'une branche de la famille de Salis qui en porte le nom. Les évêques de Coire, barons de Vatz, comtes de Toggenbourg & de Mätsch, la maison d'Autriche & les barons de Brandis en ont été successivement les maîtres. Ulisse de Salis, maréchal de camp, l'acheta en 1633. En 1770, le possesseur d'aujourd'hui l'a cédé au collége rhétique qui y a été transféré l'année suivante. Ce college a de la célébrité; il est fréquenté par des Grisons, des Suisses, des François Protestans & des Allemands. Sa constitution vise plutôt à former de bons citoyens que des savans. On y apprend les langues, la religion, les mathématiques, la physique, l'histoire, la géographie, la musique, la peinture, l'art de tourner & les exercices.

MARTIGNY, châtellenie du bas-Valais en Suisse, appartenante à l'évêché de Sion, qui y établit un grand chatelain. La ville de ce nom passe pour être *l'Octodurus* de l'Itineraire d'Antonin ou le *Vicus Veragrorum* de Céfar. Cette ville a tenu le premier rang *in valle pennina*. Elle avoit aussi le nom de *Forum Claudii*. Elle est proprement double, la ville & le bourg ou le château, à la distance d'un quart de lieue l'une de l'autre. On y cultive de très-bons vins, entre lesquels ceux de la Marque & de Coquempin font les plus renommés. Il a auffi un grand dépôt de marchandifes, tant pour le Valais même, que pour l'Italie. Anciennement l'évêque de Sion y avoit fon fiege avec le titre d'*évêque d'Octodurus*. On y a trouvé plufieurs infcriptions romaines. Il y a auffi des mines de fer & autres productions de la nature. L'on voit dans les *Mémoires de l'accad. des Infcr. & Belles-Lettres de Paris, Tom. XIV*, le plan d'un camp que Galba établit autrefois à Octodurum avec fon explication.

MAURICE, *Saint*, bailliage de la république de Valais en Suiffe, conquis fur la Savoie: les fept-dizains y envoyent à tour, de deux en deux ans un baillif, pour le gouverner. Il comprend une bonne partie du bas-Valais, & contient 14 parciffes.

Le bourg de ce nom eft affez bien bâti. On croit que c'eft le *Tarnada* des Romains, au moins il eft plus certain que c'eft l'*Agaunum*, place fi renommée dans l'hiftoire du moyen âge. Le Rhône y eft refferré dans des bornes étroites. Le pont, qui eft probablement un ouvrage des Romains eft d'une grande beauté. Le paffage eft fi étroit qu'on peut fermer de ce côté tout le Valais avec une porte, & qu'une poignée d'hommes repoufferoit les efforts d'une grande armée. Tout ce qui paffe par le mont S. Bernard eft dépofé à *S. Maurice*. On y remarque plufieurs antiquités romaines, un pavé à la mofaïque, trois belles colonnes de marbre, plufieurs infcriptions, qui prouvent que c'étoit le siege des Nantuates. On y remarque encore la belle cascade nommée *Pisse-vache*. L'eau tombe de huit cents pieds de hauteur en ligne perpendiculaire & se brise sur un roc qui est en talus.

Dans ce bourg se trouve aussi l'ancien monastere de *S. Maurice*, qui est un college de chanoines reguliers de l'ordre de *S. Maurice*. Sa fondation se perd dans la plus haute antiquité. S. Sigismond roi de Bourgogne le rétablit en 515. Ce monastere a été richement doté par les rois de Bourgogne & la noblesse des environs. Il possede ou possédoit les seigneuries de Bagnes, de Gryon, d'Auborange & plusieurs autres terres dans le Lionnois, le Viennois, la Val d'Aoste, le pays de Vaud, riere les dioceses de Grenoble, Geneve, Lausanne & Besançon, &c. On prétend qu'originairement on y observoit la regle de S. Benoit, & que celle de S. Augustin n'a été reçue que vers la fin du IX siecle, ou selon d'autres sur la fin du XI siecle. Le grand Bernard est aussi dans ce bailliage. On suppose pareillement que le concile d'Epaule a été célébré dans ces contrées. A Sallion il y a des eaux minérales. Au pied du S. Bernard l'on trouve des acidules, dont on ne fait point usage.

MAURICE, *bains de Saint*, ces bains méritent certainement une place particuliere. Ils sont situés à S. Morizzo dans la haute Engadine ès Grisons. En Italie on les nomme *Aqua forte dell'Agnadina*. Ses eaux sont acidules, & les plus fortes de toutes celles qu'on connoît en Allemagne & en Suisse, sans en excepter celles de Pyrmont. Son goût est astringent, & les eaux charient beaucoup de fer & de vitriol. On en fait un usage très-considérable contre les maladies de nerfs, d'estomac, du poumon, & même contre la pierre. Victor-Amé, duc de Savoie, s'en est même servi en 1697. Les habitans sont depuis 1570 de la religion protestante.

MEILEN, bailliage du canton de Zuric en Suisse, gouverné par des membres du petit conseil, qui ne sont pas tenus à résidence. La haute & basse jurisdiction appartenoit au chapitre de la ville. Otto le grand légua en 965, la collature & la dixme à l'abbaye de Notre-Dame-des-Hermites, qui en jouit encore. L'avoyerie, après avoir passé dans différentes familles nobles, parvint en 1410, à la ville de Zuric. Ce bailliage produit le meilleur vin de ces contrées, & on estime sur-tout le vin rouge.

MELLINGEN, ville dans la partie basse des bailliages libres en Suisse. L'histoire de cette ville est à-peu-près la même que celle de Bremgarten & des bailliages libres. C'est le passage de la Russ; & le péage que la ville se fait payer est très-lucratif pour elle, onéreux aux marchands. Cette ville a deux avoyers, un petit & un grand conseil. Toutes les charges sont à la nomination de la ville. Ces conseils jugent toutes les affaires civiles & criminelles de leur district. Il y a appel au sindicat qui s'assemble annuellement à Baden. La bourgeoisie s'assemble aussi deux fois par an, & elle exerce quelques droits, par exemple celui de recevoir de nouveaux bourgeois. Les habitans sont de la religion catholique romaine.

La ville donne son nom à un des chapitres dans lequel le diocese de Constance est partagé.

MENDRISIO, un des bailliages que les Suisses possédent en Italie. Il faisoit partie du duché de Milan. Dans le traité conclu entre François I roi de France & les Suisses, en 1516, il n'est pas fait mention de cette contrée. Cet oubli causa bientôt des difficultés. Les Suisses la déciderent en s'en emparant en 1521. Jaques de Wippingen bailli' de Lugano reçut le serment de ceux de *Mendris* & de Balerna, sous la reserve de leurs droits, priviléges, us & coutumes. Ils la font gouverner par un baillif pris à tour dans les douze cantons & qui est deux ans en charge. L'exclusion du canton d'Appenzell, reçu en 1513 dans la confédération helvétique, prouve, que les Suisses dérivoient leurs droits de la conquête qu'ils en firent en 1512.

Ce bailliage est le plus petit des quatre. Il a trois lieues de longueur sur une de largeur. Le terroir est très-fertile en vins & en grains.

Le baillif décide seul de toutes les affaires civiles & criminelles, avec droit d'appel au syndicat. Lorsqu'il s'agit d'un crime digne de mort, il doit consulter son secrétaire baillival, son propre vicaire, le fiscal & le chancelier, mais ils n'ont tous que voix consultative. Le secrétaire baillival est élu par le pays même ; il n'en a que le nom, le chancelier fait les fonctions. Le syndicat établit le fiscal & le chancelier, & le bailliſ ſon vice-baillif.

Le bailliage ſe partage en deux pieves; celle de *Mendriſio* & celle de Balerna. On lui a conſervé quelques priviléges; chaque pieve a deux regens; chaque commune un conſul. Ceux-ci dirigent les affaires du pays, la police, les dépenſes publiques, &c. & ils en rendent compte au baillif.

Les habitans ſont tous du dioceſe de Come. On croit que leur nombre va à 15 ou 16 mille.

MENDRISIO, la réſidence du baillif, eſt un bourg aſſez conſidérable avec de beaux bâtimens. Il y a pluſieurs couvens. A Balerna il y a un chapitre conſiſtant en un archiprêtre & huit chanoines.

MENZINGEN, une des trois communautés du canton de Zug en Suiſſe. Elle fournit neuf membres au conſeil du canton, & tous les neuf ans l'amman ou le chef du canton. L'abbaye de Notre-Dame-des-Hermites avoit la juriſdiction & d'autres droits ſur le village de *Menzingen*; les habitans ne s'en racheterent qu'en 1679, & ce n'eſt que depuis lors qu'ils ont leur propre juſtice. Le Gubel eſt fameux par la perte que les proteſtans y eſſuyerent en 1531 de la part des catholiques.

MERISCHWANDEN, bailliage du canton de Lucerne en Suiſſe. Il appartenoit ci-devant à la maiſon de Hunenberg: à l'extinction de cette maiſon, les habitans ſe ſoumirent volontairement en 1394, au canton de Lucerne. Celui-ci lui accorda des priviléges dont il jouit encore. Tel eſt celui que l'aſſemblée générale a le droit de ſe choiſir tous les deux ans un bailliſ entre les citoyens de Lucerne, qu'ils ſoient du petit ou du grand conſeil, ou ſimples citoyens. Celui-ci ne tient ſa juſtice qu'une fois pendant les deux ans, le reſte du tems ce ſont les quatre jurés qui le font à ſa place, & il retire le tiers des amendes, les deux autres tiers ſont au profit du bailliage.

MERISHAUSEN, bailliage du canton de Schaffhauſen en Suiſſe, acquis par la ſéculariſation de quelques fondations pieuſes. Il eſt gouverné par un membre du petit conſeil qui n'eſt pas tenu à réſidence.

MEYENFELD, c'eſt un des hochgerichts des Griſons, de la ligue des Dix-Droitures; mais il eſt en même tems ſujet des trois ligues, qui lui donnent à tour un bailliſ. Les trois ligues l'acheterent en 1509 des comtes de Sulz, & confirmerent tous leurs priviléges, ils y ajouterent la baſſe juriſdiction de Malans & Jennins, en 1537. Ce hochgericht eſt en même tems co-régent & ſujet. Il a ſa part à tous les emplois publics & aux bailliages de la Valteline, de Chiavenna & de Bormio, & il établit à ſon tour ſon propre bailliſ ou podeſta. L'autorité du bailliſ eſt très-bornée, le ſtadt-vogt à *Meyenfeld*, avec ſes aſſeſſeurs, décide des affaires criminelles, le bailliſ eſt alors l'accuſateur, & il a le droit de faire grace. Les amendes & les biens confiſqués ſont à lui, en échange il paye tous les frais.

La ville de *Meyenfeld* eſt pour ainſi dire

la capitale, elle a de beaux bâtimens & des fauxbourgs assez étendus. Elle a un stadt-vogt & douze conseillers. Il y a dans cette ville un entrepôt assez considérable de marchandises allant ou venant de l'Allemagne ou de l'Italie. Dans les environs on cultive d'assez bon vin. Cette ville se glorifie d'avoir été le premier endroit des Grisons qui ait embrassé la réformation, ce qui doit être arrivé en 1521. Malans est un bourg assez considérable. Flæsch est fort renommé par ses excellentes eaux minérales, dont on fait grand usage. S. Lucii-Steig est le passage de l'Allemagne dans les Grisons; ce bourg a été très-connu du tems des troubles de la Valteline. Actuellement il y a un grand passage de marchandises, & il s'y leve un péage pour le compte des Grisons.

MISAX, *Vallis Mesaucina*, *Valle di Misocco*, un des hochgerichts de la ligue-Grise. Le pays n'est pas des plus fertiles, il y a cependant de beaux pâturages sur les montagnes, sur-tout vers le Rheinwald. Il a appartenu successivement à l'évêché de Come, aux barons de Sax, & à la maison de Trivulce. Il fut incorporé en 1496 à la ligue-Grise, & il le racheta en 1549. La maison de Trivulce continue cependant de prendre le titre de princes de Misocco & de la Val Misolcina. Néanmoins ce hochgericht est entierement libre, il a son propre gouvernement & envoye ses députés aux assemblees de la ligue & à celles des trois ligues. Les habitans sont tous catholiques romains. Près de la montagne de S. Bernardin, il y a des eaux acidulaires assez fortes. Dans cette contrée il y a aussi le Calankerthal, dont les habitans sont pour ainsi dire la nation la plus misérable de l'Europe. Les hommes gagnent leur vie en vendant des corbeilles, de la poix, de la ferraille, du savon, des pierres à éguiser, &c. Leurs femmes & les enfans font le métier de mendiants.

MONTAGNY, en allemand *Montenach*, bailliage du canton de Fribourg en Suisse. La maison de Savoie vendit ses droits sur cette terre au canton de Fribourg en 1478, ce qui a été confirmé en 1508 & 1517. Le bailif réside à *Montagny*, petit bourg qui n'a rien de remarquable. Ce bailliage sépare le pays de Vaud du reste du canton de Berne.

MONTEY, un des bailliages appartenant à l'Etat du Valais, conquis en 1536, sur la maison de Savoie. Les sept dixains y envoient à tour un baillif, dont la préfecture dure deux ans. Ce bailliage avec les paroisses de Port-Valais, S. Gingoulph & Bouveret, forme une des trois bannieres du bas-Valais, dont chacune est obligée en tems de guerre de fournir autant de soldats, qu'un des dixains du Valais.

MONT-JULE ou ALPES JULIENNES. en latin *Julia*, en allemand *Juliers-Bergs*; on donne ce nom à toute cette étendue de montagnes qui est au pays des Grisons, dans la basse Engadine, aux environs de la source de l'Inn. On appelle ces montagnes Juliennes, *Julia*, parce que Jules-César y fit commencer

mencer un chemin qui fut achevé par Auguste, du tems des guerres d'Illyrie, selon Rufus Festus. Ammien Marcellin, *liv.* XXXI. dit, qu'on les nommoit anciennement *Alpes Venetæ*. Tacite *hist. liv.* II, les appelle *Pannonicæ*. Le froid est très-vif sur ces montagnes, même en été, pour peu que le vent du nord souffle.

MONT-PILATE, nommé autrement, & mieux encore *Frakmont*, montagne de Suisse, à-peu-près au centre de la Suisse, dans le canton de Lucerne, en allant du côté d'Underwalden. Elle commence à l'occident du lac de Lucerne; & sa chaine d'environ quatorze lieues s'étend du nord au sud, jusques dans le canton de Berne.

La Suisse montagneuse n'étoit gueres peuplée, lorsqu'une bande de déserteurs Romains vint s'établir sur cette montagne. Ils lui donnerent le nom de *Mons fractus*, ce qui prouve qu'elle étoit alors, comme aujourd'hui très-escarpée. Elle fut ensuite appellée *Mons pilæatus*, parce qu'elle est presque toujours en quelque maniere couverte d'un chapeau de nuées. De-là, par corruption, on l'a nommée *Mont-pilate*. Elle est isolée, & doit être regardée à certains égards, pour la plus haute de la Suisse. Il est vrai que le mont Titlio, celui de S. Gothard, & quelques-uns du pays des Grisons, ont la cime plus élevée, mais ce sont des chaines de montagnes assises les unes sur les autres. Celui-ci, dans toute sa longueur, n'est accessible que dans la partie de ses deux pointes qui sont distantes l'une de l'autre d'une lieue & demie.

Le docteur Lang, de Lucerne, a formé un cabinet de curiosités naturelles en coquillages pétrifiés, dents, arétes & carcasses de poissons, qu'il a trouvés sur cette montagne. Le gibier qu'on y voit, consiste en bartavelles, coqs de bruyeres, chamois, chevreuils & bouquetins.

On y donne des leçons pour marcher d'un rocher à l'autre. Les souliers d'usage sont une semelle de bois leger, qu'on attache avec des cuirs. On enfonce quatre clous dans le talon, & six sous la semelle. Ces clous qui sont des clous de fer de cheval, faits à l'épreuve, ne cassent jamais, & débordent la semelle d'un demi pouce.

Les montagnards du *Montpilate*, quoique sous la domination d'un souverain, s'exemptent quand ils le veulent, d'en suivre les loix, bien assurés qu'on n'ira pas les forcer dans leurs retranchemens. Comme ils ne peuvent occuper le haut de la montagne que quatre mois de l'année, à cause des neiges, ils ont de chétives habitations à mi-côte, où ils passent l'hyver avec leurs familles, & ne vivent que de laitage & de pain noir. On a d'abord quelque peine à concevoir qu'ils préférent cette demeure stérile à celle du plat-pays fertile, & qu'ils menent gaiement une vie pauvre, dure & misérable en apparence. Mais quel empire n'a pas sur le cœur de l'homme l'amour de la liberté ! Elle peut rendre des deserts, des cavernes, des rochers plus agréables que les plaines les plus riantes, puisqu'elle fait souvent préférer la mort à la vie.

MORAT, en allemand *Murten*, un des bailliages que les cantons de Berne & de Fribourg possedent en commun. Il est agréablement situé & très-fertile, en vins, en bled, en prés & en fruits. La maison de Savoie, à qui ce bailliage appartenoit, le donna en appanage à Jacques, comte de Romont. Ayant pris le parti du duc de Bourgogne contre les Suisses, ceux-ci s'emparerent de ses terres en 1475 & garderent ce bailliage avec ceux de Grandson & d'Echalens. Les cantons céderent leurs droits à ceux de Berne & Fribourg, par un traité conclu en 1484. Depuis ce tems là, ces deux cantons y envoyent à tour un baillif avec titre d'avoyer. L'alternative a été expliquée aux articles ECHALENS & GRANDSON. Le baillif ou plutôt l'avoyer préside au conseil, au consistoire & à la justice inférieure de la ville de *Morat*. On se sert indifféremment dans ce bailliage des langues allemande & françoise. La plupart des villages ont par cette raison deux noms différents, l'un allemand, l'autre françois.

Ce bailliage comprend le lac dit de *Morat*, qui a deux lieues de longueur sur une petite lieue de largeur. Il peut avoir 25 brasses de profondeur. On prétend qu'il a été plus grand dans les anciens tems, & qu'il s'étendoit jusques aux murs de l'ancien *Aventicum*. Il communique au lac de Neuchâtel par la Broye. Le lac produit de bons poissons & en assez grande quantité.

La jurisdiction sur ce lac appartient à la ville de *Morat*. Cette ville jouit d'une situation riante, & de quelques priviléges. Malgré ces avantages & celui de sa position commode pour le commerce, elle languit & est presque déserte, peut-être par la raison que les revenus du public sont trop considérables, & qu'ils favorisent l'indolence. Elle n'est pas ancienne. Conrad, roi des Romains, la fit entourer de murs en 1238.

Elle est fameuse dans *l'histoire Suisse*, par le siège qu'elle soutint en 1476, contre Charles le hardi, dernier duc de Bourgogne. Ce siège fut suivi de cette fameuse bataille, où les Suisses triompherent & mirent l'armée du duc dans la déroute la plus complette. Les habitans de *Morat* célebrent encore de tems à autre, ce grand événement par des fêtes & des réjouissances publiques. Ce fut là l'aurore de leur liberté, que Mr. de Voltaire a peinte d'un si beau coloris dans ces vers.

Je vois la liberté répandant tous les biens,
Descendre de Morat *en habit de guerriere,*
Les mains teintes du sang des fiers Autrichiens
Et de Charles le téméraire.
Devant elle on portoit ces piques & ces dards,
On trainoit ces canons, ces échelles fatales
Qu'elle même brisa, quand ces mains triom-
  phales
De Morat *en danger, défendoit les remparts;*
Tout un peuple la suit, sa naïve allegresse

Fit à tout l'Appennin repeter ses clameurs ;
Leurs fronts sont couronnés de ces fleurs que
la Grece
Aux champs de Marathon prodiguoit aux
vainqueurs.

A peu de distance de *Morat*, on voit sur le grand chemin d'Avenche, un ossuaire ou chapelle, autrefois toute remplie d'ossemens des Bourguignons qui périrent au siege & à la bataille de 1476. Elle a été renouvellée depuis peu & ornée de nouvelles inscriptions quoi qu'on ait conservé aussi les précédentes; elles sont en latin & en allemand, & toutes sont faites avec une simplicité majestueuse. Il y a aussi deux médailles frappées après coup, au sujet de la défaite de Charles le hardi.

Ce bailliage comprend encore la seigneurie de Lugnorre. Amedé IX. duc de Savoie la donna en 1469 à la ville de *Morat* qui la céda en 1505 aux deux cantons de Berne & de Fribourg. C'est dans cette terre qu'est la plus grande partie du Vully, si riche en vignes. Villars le Moine & Claveleire est une seigneurie très-considérable. On y a trouvé plusieurs antiquités romaines & entr'autres une inscription, qui fait croire qu'il y a eu un temple à l'honneur de la déesse *Aventia* & que même Villars le Moine étoit une espece de fauxbourg de l'ancien *Aventicum*. Dans le moyen âge, on y établit un prieuré de l'ordre des prémontrés, incorporé en 1484, au chapitre de Berne. En 1542, le canton de

Berne vendit les biens de ce prieuré & la seigneurie à Jaques de Wattenwyl alors avoyer de ce canton. Le seigneur a son propre consistoire & la justice inférieure.

Tout le bailliage est de la religion protestante. Elle fut établie dans *Morat* en 1530 à la pluralité des voix en présence des députés de Berne & de Fribourg. Le reste du bailliage imita bientôt l'exemple des habitans de la ville. Les pasteurs sont établis par le canton de Berne.

Le baillif réside à *Morat* dans un château assez considérable. Les députés des deux cantons régnans, s'assemblent aussi dans cette ville tous les deux ans, pour y recevoir les comptes de leurs quatre baillifs communs, pour juger des appels portés devant eux, pour s'arranger sur tout ce qui peut intéresser ces deux cantons, & pour applanir toutes les difficultés qui pourroient s'élever.

MORBEGNO, une des deux squadres dans lesquelles la partie inférieure de la Valteline est partagée. Elle comprend douze communes. Les Grisons y envoyent un baillif de deux en deux ans : il a le titre de *podesta*, & réside à *Morbegno*. C'est un bourg bien bâti & assez grand. Il y a nombre de couvens, entr'autres un chapitre composé d'un archiprêtre & de quinze chanoines, obligés à résidence. On cultive dans ses environs beaucoup de vignes & de grains. La pêche y est aussi fort bonne. Il y a aussi quelques fabriques.

MORGES, ville du canton de Berne en

Suisse, aux bords du lac de Geneve, capitale d'un bailliage de même nom, avec un château où réside le baillif. Elle a une vue admirable.

Les Bernois ont établi à *Morges* un port assez spacieux pour mettre une centaine de barques à l'abri des vents, avec un quai & des halles, & ce seul ouvrage fait prosperer cette ville, en ce qu'il l'a fait servir d'entrepôt aux marchandises qui passent par la Suisse, en France ou qui en viennent; cette route est très-fréquentée. La ville a été bâtie dans le X siecle, elle est une des quatre bonnes villes du pays de Vaud. Les Bernois s'en emparerent en 1536 avec le reste du pays de Vaud; la ville au reste n'est pas grande, mais très-bien bâtie. *Morges* seroit plus florissante s'il y avoit un grand chemin établi de là à Yverdon, lequel feroit la communication des deux lacs, & serviroit pour le transport des marchandises lourdes, qui prennent insensiblement d'autres routes.

Le bailliage de *Morges* comprend la Côte, ou du moins la plus grande partie de cette contrée, qui passe pour un des meilleurs vignobles de la Suisse. La Côte est un quartier de pays de trois lieues de longueur, sur le lac Léman, & qui s'éleve insensiblement jusqu'à une lieue de marche du côté du mont Jura. La perspective toute parsemée de villes, de villages & de châteaux en amphithéâtre, en est si belle, que Tavernier, ce grand voyageur, disoit n'avoir rien vu ailleurs qui fut comparable à cet aspect, excepté une contrée dans l'Arménie, située également, le long d'un lac. Le bailliage est d'ailleurs d'une étendue très-considérable, & très-riche en vignes, en prés & en champs.

L'on remarque dans ce bailliage une quarantaine de seigneuries, plusieurs prieurés sécularisés, &c. Nous ne parlerons que de quelques endroits.

S. Prez fait une petite ville très-ancienne, car on y trouve des antiquités romaines. L'église doit être la plus ancienne du pays de Vaud, quoi qu'elle ne soit actuellement qu'une annexe. On y trouve aussi des eaux minérales.

Rolle, bourg assez joli, & le chef-lieu de la baronie de ce nom; il y a pareillement plusieurs sources d'eaux minérales.

La ville de Cossonay, qui étoit ci-devant assez considérable, étoit aussi une des quatorze villes & bourgs qui avoient le droit d'envoyer des députés aux assemblées générales du pays de Vaud.

Ce bailliage donne aussi son nom à une des classes du clergé du pays de Vaud.

MOTIER, grand & beau village paroissial de la principauté de Neuchâtel, chef-lieu de la jurisdiction du Val-Travers (*voyez* VAL-TRAVERS.), & siege autrefois d'un prieuré très-raisonnablement sécularisé, au tems de la réformation, en faveur du souverain. Situé dans le plat du vallon & dans des campagnes que la Reuse baigne à sa droite, ce village est pourvu, par la nature, de richesses comme d'agrémens. Son air est salubre, son sol est fertile, & sa construction spacieusement disposée. Il s'étend en largeur & en longueur aux pieds d'un château, qui, par la révolution des choses, a perdu en force, & dérogé en usage; car à l'un & à l'autre de ces égards, ce château étoit jadis un bâtiment respectable: fondé dans le XIII siecle par Ulric, tuteur du comte Berthoud de Neuchâtel, il fut alors entouré de hautes murailles, & affecté à la résidence du premier officier du prince dans le district: on l'appella le *chatellard*, nom, qui par sa terminaison paroit avoir eu désigné un édifice très-vaste. Aujourd'hui son enceinte est ruinée, & sa destination rétrécie, si-non même avilie. Des épines & des ronces l'environnent, de tristes prisons le composent, & un simple géolier l'habite. Pendant un tems on ne l'approcha qu'avec confiance; on n'y va plus actuellement qu'avec frayeur: *Vivez, car on vous protège*, c'étoit l'inscription qu'on croyoit lire autrefois sur ses murs: *Mourez, car on vous juge*, c'est celle qu'on y croit lire aujourd'hui. Cependant le village de *Motier* ne participe en quoique ce soit à ce que son château peut annoncer de lugubre & de déchû. Il est peuplé de 5 à 600 habitans, dont les uns sont artistes, les autres artisans, d'autres laboureurs, & d'autres sont d'heureux désœuvrés. Graces à la bonté de leur naturel, & à celle de la constitution du pays, l'activité du génie n'est pas moins commune, parmi eux, que la différence des vocations, & que la prétention aux succès. D'ailleurs, en fait de maisons propres, solides, & bâties même avec goût, la principauté de Neuchâtel n'a pas de villages qui l'emportent sur celui-ci : elle n'en a pas non plus, où, soit par raison de santé, soit par amour pour la campagne, l'on voye autant de gens d'un certain ordre se rassembler en été : il est avéré encore, que généralement parlant, il règne dans *Motier* une gaîté charmante, & qu'à la faveur d'une politesse très-bien soutenue, les cœurs n'y semblent pas moins prompts à s'épancher, que les esprits à se répandre en saillies.

MOUDON, en allemand *Milden*, bailliage du canton de Berne en Suisse, de quatre lieues de longueur sur trois de largeur ; le sol est montagneux, quelquefois aride, cependant on y cultive beaucoup de grains.

La ville de ce nom est le *Minnodunum* des Romains. Berctold V, duc de Zæringuen l'a rétablie sous les ducs de Savoie, elle étoit pour ainsi dire la capitale du pays de Vaud. Le baillif y avoit sa résidence, de même que l'assemblée des Etats de ce pays. Elle est une des quatre bonnes villes du pays de Vaud. Les Suisses s'en emparerent en 1406 & en 1475 ; mais ils la restituerent. Berne s'en empara en 1536, la garda & en fit un bailliage. Le canton céda à la ville de *Moudon* les revenus de deux églises & de deux chapelles. On y a trouvé plusieurs fois des antiquités curieuses & encore en 1763, un amas considérable de médailles antiques dont quelques-unes étoient très-rares. Le baillif réside à Lucens, en allemand *Lobsigen*, château des évêques de Lausanne, à une petite lieue de *Moudon*. Villarzel l'évêque étoit une ville, mais les Fribourgeois s'en emparerent en 1447, & la brulerent. A Montpreveyre, *Monsbresbyteri*, il y avoit un prieuré ou hôpital dépendant du couvent de S. Bernard. Il y en avoit un pareil à Bettens.

MOUTIER GRAND-VAL, en allemand *Monsterthal*, grande vallée de Suisse, enclavée dans l'évêché de Bâle. Les habitans de cette vallée, qui comprend plusieurs villages, sont alliés avec le canton de Berne, qui les protege de sa puissance & de ses regards, dans leurs libertés spirituelles & temporelles.

MULHOUSE ou MULHAUSEN, petite ville au cercle du haut Rhin, capitale d'une petite république alliée des Suisses.

Quelques auteurs croyent que c'est l'*Arialbinum* d'Antonin; mais l'abbé de Longuerue prétend qu'elle a été bâtie par les premiers empereurs d'Allemagne, sur les fonds de leur domaine, son nom de *Mulhouse* lui vient peut-être de la quantité de moulins qui s'y trouvent. Elle a beaucoup souffert durant les brouilleries des empereurs avec les papes, & fut toujours fidele aux empereurs. Ensuite elle se vit exposée à la tyrannie des landgraves, des avoués & des préfets d'Alsace; enfin craignant pour sa liberté, elle s'allia avec Berne & Soleure en 1466, & avec Bâle en 1506. En vertu de cette incorporation étroite dans le corps helvétique, elle a toujours joui de l'avantage de la neutralité & de la paix, au milieu des guerres perpétuelles d'Allemagne.

Elle est bien bâtie & bien peuplée, dans une belle & fertile campagne, à six lieues, nord-ouest, de Bâle, six, sud, de Colmar, & six, nord-est, de Béfort. *Long.* 25 ; 2. *lat.* 47, 50.

MUNCHENSTEIN, bailliage du canton de Bâle en Suisse. Le canton l'acheta par parties de la maison d'Autriche, de la famille de Munch de *Munchenstein*, de l'évêché de Bâle, &c. La maison d'Autriche renonça formellement à tous ses droits en 1517. Le baillif réside à *Munchenstein*, & sa préfecture dure huit ans. Le château de *Munchenstein* est important, à cause du passage en Suisse & à travers le Jura : il étoit beaucoup plus étendu qu'il ne l'est actuellement ; le village de ce nom a pareillement été entouré de murailles, & il ne l'est plus.

Il y a dans ce bailliage beaucoup de vignes & de champs ; on y éleve aussi beaucoup de bétail. Il y a pareillement beaucoup de fabriques, & généralement beaucoup d'industrie. La culture du safran, très-commune dans le XV siecle, a été tout-à-fait abandonnée.

Muttenz paroît avoir été habité du tems des Romains, au moins y trouve-t-on des antiquités. Il y avoit un couvent, un prieuré, &c. S. Jaques est fameux par la bataille que les Suisses y livrerent en 1444, aux François commandés par Louis XI, alors dauphin. Quatorze cents Suisses se battirent avec fureur contre toute une armée, & ils périrent tous jusqu'au nombre de seize, après avoir vengé leur mort par celle de huit mille de leurs ennemis. Cette bataille est une des causes de l'alliance que Louis XI, voulut conclure avec les Suisses & qui subsiste encore au grand avantage des deux nations.

À Bruglingen il y a des eaux minérales, de même qu'au nouveau Schauenbourg; à Gundelfingen des acidules; à Holée, une source qui, dit-on, dissout les pierres de la vessie. Benoit Stæhelin en a donné une description.

Holée passe pour avoir été l'Olino des Romains: il est certain qu'on y trouve beaucoup d'antiquités.

Une grande partie de ce bailliage a été embellie par les belles campagnes que les Bâlois y possedent.

MUNSTER ou S. MICHEL, bailliage du canton de Lucerne en Suisse. Il a appartenu successivement aux comtes de Lenzbourg, de Kibourg, de Habsbourg, & à la maison d'Autriche. Les Lucernois s'en emparerent en 1415. Le baillif est pris dans le petit conseil, sa préfecture dure deux ans & il n'est pas tenu à résidence. Les affaires civiles & criminelles dépendent de lui & de la justice inférieure qui lui est donnée en subside. Les appels vont à Lucerne.

Le prévôt de *Munster* est vassal du canton de Lucerne, & en vertu de l'inféodation qu'il lui accorde, il est co-seigneur dans de certains districts du bailliage. Il reçoit la moitié des amendes, des péages & de différens autres droits; en échange il est chargé de la moitié des frais des causes criminelles, de l'entretien des chemins, &c.

Le chapitre des chanoines, établi à *Munſter*, mérite notre attention. Il a été fondé au IX ſiecle par Bero, comte de Lentzbourg; dès-là le ſurnom de *Berona*, *Beronis monaſterium &c.* Ulric, comte de Lentzbourg, lui fit enſuite des donnations ſi conſidérables dans le XI ſiecle, que vingt-quatre chanoines y trouvoient de quoi vivre avec beaucoup d'aiſance. Ces comtes de Lentzbourg avoient le droit d'avoyerie, il paſſa entre les mains de leurs héritiers & parvint de même au canton de Lucerne, qui l'exerce encore dans toute ſon étendue. En vertu de cette avoyerie & de la ceſſion faite en 1400, par le college aux ducs d'Autriche; le petit conſeil de Lucerne nomme aux places de prévôt des chanoines & des douze expectans, dont le premier en rang devient chanoine à meſure qu'une vacance ſe préſente. Ils ſont tous pris dans le nombre des citoyens de Lucerne, & n'ont pas beſoin d'être confirmés par la cour de Rome. Les différents droits du chapitre ont été réglés par un traité conclu en 1420.

Les domaines, les droits, la juriſdiction, les collatures, qui appartiennent à ce college ſont très-étendus encore, quoi qu'il ait perdu ce qu'il avoit dans le canton d'Underwalden, dans le Briſgau, dans le Frikthal, &c. Il y a encore vingt-quatre prébendes, dont vingt-une ſont deſtinées pour le prévôt, & vingt chanoines. Les trois autres le ſont à d'autres uſages.

Le chapitre a la permission de frapper des médailles à l'honneur de son fondateur & en distribue annuellement une certaine quantité. Il en doit entr'autres quarante au sénat de Lucerne, & c'est un hommage qu'il doit rendre annuellement.

La premiere imprimerie établie en Suisse, l'a été à *Munster*.

Le bourg de *Munster* est assez considérable, il y a beaucoup de beaux bâtimens surtout à l'usage du chapitre, & une belle église. Il est entierement sous la jurisdiction du prévôt. Le canton de Lucerne n'y a que la souveraineté.

MUNSTERTHAL, en langue du pays, *la Val da Mustair*. Un des hochgerichts de la ligue-Caddée ès Grisons. La place principale est le couvent de *Munster*; habité par des religieuses de l'ordre de S. Benoit. On croit que Charlemagne en a été le fondateur. L'avoyerie appartient à l'évêque de Coire. Ce même évêché avoit des droits considérables dans ce hochgericht; il les vendit en 1727 à l'empereur Charles VI. celui-ci permit en 1733 aux habitans de se racheter. Le bailliage est partagé en trois parties; deux d'entr'eux sont de la religion protestante; le troisieme est catholique. Leur magistrature est composée de 12 juges, dans la même proportion, & le landamman se prend à tour dans les trois parties. Tous parlent le jargon de l'Engadine (le romansch.)

MURI, abbaye célebre de l'ordre de S. Benoit, dans les bailliages libres en Suisse. Idda, épouse de Radeboto, comte de Habsbourg, en a été la fondatrice dans le XI siecle. Ce monastere fut enrichi & doté par la maison de Habsbourg & par la noblesse des environs. En 1701. L'abbé obtint le titre de prince du S. Empire, & chaque capitulaire est censé noble. L'abbaye a le cinquieme rang dans la congrégation bénédictine de Suisse. Elle possede des domaines très-considérables en Suisse & en Allemagne. Elle a le droit de choisir son avoyer ou protecteur. Ce sont actuellement les cantons regnans des bailliages libres qui font les avoyers. L'on connoit les *Acta Murensia*, écrits dans le XI siecle, si importans pour la généalogie de la maison d'Autriche, & de la querelle littéraire qui s'est élevée à leur occasion entre les peres Herrgott & Herr, du couvent de S. Blaise d'une part, & les peres Kopp & Vieland du monastere de *Muri*, de l'autre part.

Au reste, il ne faut pas oublier qu'on trouve dans les environs beaucoup de ruines des Romains.

NENDA

NENDA, un des bailliages du bas Valais, fertile en vins & en pâturages. Les sept dizains du Valais y envoyent à tour, de deux en deux ans, un baillif nommé *Grofs-Meyer*, ou *grand maire*, qui exerce aussi depuis 1670 la jurisdiction à Haremence, dans le haut Valais. L'évêque de Syon exerce la jurisdiction à Veissona dans les mois de Mai & d'Octobre, & l'abbaye de S. Maurice exerce les mêmes droits à Clebes & Verrey. Dans les autres mois cette jurisdiction appartient aux Valaisans, tout comme elle leur appartient sans réserve dans les autres villages du bailliage.

NEUAMT, un des bailliages du canton de Zuric, en Suisse, gouverné par des membres du petit conseil qui ne sont pas tenus à résidence. C'étoit ci-devant une partie du comté de Kibourg; mais les Zuricois ayant rendu ce comté en 1442 à l'empereur Frédéric III ils garderent cette partie & en firent un bailliage. On la nommoit ci-devant le *Zwinghof* à Neerach.

NEUCHATEL, Etat de la Suisse, confinant avec la Franche-Comté, province de France. Le comté de *Neuchâtel*, & la seigneurie de Vallengin, réunis depuis deux siecles environ, forment ensemble un pays de dix à douze lieues en longueur, sur cinq lieues dans sa plus grande largeur. Cet Etat

Tom. II. C

tient au corps helvétique, à titre d'allié, par d'anciens traités de combourgeoisie, tant des comtes que des peuples, avec divers cantons Suisses.

Le pays de *Neuchâtel* a cette particularité de commun avec divers autres districts de la Suisse, de réunir dans une petite étendue, sous des températures différentes du climat, des productions & des cultures très-variées. Les vignes font la principale richesse de la partie la plus basse, qui borde un lac de huit lieues en longueur, sur cinq quarts de lieues de largeur moyenne. Deux principales vallées, qui s'étendent dans l'intérieur du mont Jura, le Val de Ruz, dependant de Vallengin, & le Val de Travers dans le comté de *Neuchâtel* sont très-fertiles en grains & fourrages. La partie supérieure, qui confine avec la France & l'évêché de Bâle, ne produit que des pâturages & des bois; l'air y est si froid même dans les vallées, la couche de terre végétale y est si peu profonde, que les arbres fruitiers n'y réussissent point. Malgré une position si désavantageuse, la population est très-forte dans ce pays montueux, & les habitans, par un effet de l'industrie, animée par la liberté, y jouissent d'une grande aisance.

En général, cette chaîne de montagne, qui occupe les confins de la France & de la Suisse, en s'étendant depuis le Rhône jusques au Rhin, connue sous le nom de *mont Jura*, *Jurassus*, présente bien des objets intéressans pour l'histoire naturelle. Comme nous aurons occasion d'en parler dans l'article Suisse, nous nous bornons ici à quelques particularités les plus mémorables des districts de *Neuchâtel* & de Vallengin. Le roc, qui fait la base de ces montagnes, est en général de pierre calcaire; les pétrifications de divers coquillages de mers y sont très-communes; on en trouve des couches riches & fort étendues. Des sources minérales, en assez grand nombre, ne laissent aucun doute sur l'existence de divers métaux dans le sein de ces montagnes. Par l'arrangement des couches des rochers, l'eau de la neige & des pluies s'engloutit dans les vallées supérieures, & reparoît dans les vallons inférieurs en sources singulierement abondantes. L'industrie des habitans a pratiqué des moulins au fond de quelques uns de ces puits, où se précipitent les eaux des hautes joux. On en trouve au Locle, à la Chaux-de-fond, au-dessus de Couvet & à la Brévine; les rouages sont placés dans une grande profondeur sous terre, ou élevés au-dessus des abimes; l'onde qui les fait mouvoir s'engouffre dans les entrailles de la terre. Au fond du Val de Travers la source de la Reuse, formée sans doute par les puits supérieurs, fort tranquille & si abondante, qu'elle sert bientôt à des usines, & que les poissons peuvent monter jusques près de sa naissance. La source de la Serriere, distante d'environ deux portées de fusil du lac, dans lequel elle va se jetter, est plus abondante encore : à vingt pas du pied de la montagne, d'où elle jaillit avec impétuosité, elle donne le mouvement à divers rouages. Les montagnes les plus élevées, telles que le Chaſſeral & le Chaſſeron, abondent en ſimples rares & précieux ; on y trouve ceux qui entrent dans la compoſition du thé de Suiſſe & de l'eau vulnéraire. Le lac de *Neuchâtel* & la Reuſe ſont fort poiſſonneux. L'abus de la chaſſe rend le gibier tous les jours plus rare.

On peut tracer la généalogie des premiers comtes de *Neuchâtel*, en remontant, juſques à l'époque de l'extinction du dernier royaume de Bourgogne. Le comte Amo vivoit vers l'an 1016. Sa deſcendance maſculine en ligne directe finit par la mort du comte Louis en 1383. Iſabelle ſa fille ainée, mariée à un comte Rodolphe de Nidau, d'une branche cadette de la maiſon de *Neuchâtel*, ne laiſſa point de poſtérité, & légua ſes droits à un neveu, Conrad comte de Fribourg, fils de Varenne de *Neuchâtel* en 1394. A cette ſucceſſion, le comte de Châlons forma à titre de ſuzerain, des oppoſitions qui furent terminées par la preſtation d'hommage de la part de Conrad. La même difficulté & la même ſolemnité furent renouvellées lorſqu'en 1457 le comté de *Neuchâtel* paſſa dans la maiſon de Hochberg, par le teſtament de Jean de Fribourg. Louis d'Orléans, duc de Longueville, l'obtint en dot de Jeanne de Hochberg en 1504. Cette maiſon l'a poſſédé juſques en 1707 ; époque de la mort de Marie d'Orléans, femme de Henri de Savoie, duc de Némours, qui ne laiſſa point d'enfans. Alors des prétendans en grand nombre préſenterent leurs titres : les États de *Neuchâtel*, juges de ces prétentions, prononcèrent en faveur du roi de Prusse, comme héritier des anciens droits de la maison de Chalons.

Les comtés de Nidau & d'Arberg, & la seigneurie de Vallengin, étoient autrefois des appanages de diverses branches cadettes de la maison de *Neuchâtel*. La première ligne des seigneurs de Vallengin, descendante de Berthol, mort en 1160, s'étoit éteinte dans la personne de Guillaume, mort en 1286; sa succession avoit été recueillie par les comtes d'Arberg, qui furent obligés de la reconnoître du fief des comtes de *Neuchâtel*. Marie, veuve de Léonor, duc d'Orléans, racheta, des mains du comte de Montbelliard en 1592, les droits & prétentions qu'il pouvoit avoir sur cette seigneurie, & depuis cette date les comtes de *Neuchâtel* l'ont toujours possédée.

C'est sans doute à ses anciennes liaisons d'amitié avec plusieurs cantons helvétiques, que la maison de *Neuchâtel* a dû sa conservation, tandis que toute la noblesse de la Suisse a été successivement dépossédée, ou par les armes victorieuses de ces républiques, ou par la vente de ses terres. Les princes de *Neuchâtel* sont alliés par des traités de combourgeoisie, avec la ville de Soleure depuis 1369, avec Berne depuis 1406, avec Fribourg depuis 1495, & avec Lucerne depuis 1501. Lors de la brouillerie entre Louis XII roi de France, & les cantons, occasionnée par les guerres dans le Milanés, les 12 cantons Suisses se saisirent de la principauté de *Neuchâtel* en 1512, & la firent gouverner par des baillifs jusques en 1529, qu'à la recommandation du roi, les cantons la rendirent à Jeanne d'Hochberg, épouse de Louis d'Orléans duc de Longueville, qui avoit pris le parti du roi contre les Suisses. Le seul canton d'Uri protesta contre cette restitution; il rappella même sa prétention à la derniere vacance de 1707. Déjà dans le traité de paix entre l'empereur Maximilien & les Suisses, qui termina la guerre de 1499, l'indépendance des comtes de *Neuchâtel*, qui d'origine étoient indubitablement vassaux de l'empire, fut reconnue; & dans le traité de Westphalie de 1648, cette principauté, à titre d'alliée des Suisses, par un effet des combourgeoisies sus-indiquées, participa à l'attribut de souveraineté indépendante, garanti à tous les Etats du corps helvétique.

D'un autre côté, non-seulement les communautés du comté de *Neuchâtel* & de la seigneurie de Vallengin, jouissent de grandes immunités; mais par des traités de combourgeoisie de la ville de *Neuchâtel*, des peuples de Vallengin & de quelques autres communes, avec la ville de Berne, cette république est particulierement intéressée à leur conservation. La ville de *Neuchâtel* sollicita l'amitié & la protection des Bernois en 1406, & conclut avec eux un traité de combourgeoisie, dont un article soumet absolument au jugement du conseil de Berne, les différens qui peuvent s'élever entr'elle & ses princes. Conrad de Fribourg, comte de *Neuchâtel* se hâta de conclure un traité semblable avec Berne.

Par ces traités souvent renouvellés, Berne est encore engagée à employer la force au besoin, pour exécuter les sentences prononcées. L'histoire de *Neuchâtel* fournit divers exemples qui confirment ce droit ou cette obligation par les faits.

Nous tâcherons maintenant de donner avec la plus grande précision possible, une idée juste de la constitution civile & politique de cet Etat, & des limites fixées entre la puissance du prince & les immunités des peuples. Dans les siecles où l'usurpation féodale règnoit sur toute l'Europe, les comtes de *Neuchâtel* étoient sans doute devenus les propriétaires de toutes les terres de leur ressort; & la servitude personnelle pesoit ici, comme par-tout, sur les têtes d'un peuple avili par l'oppression. Vraisemblablement, les montagnes incultes ne présentoient alors que des forêts & des repaires de loups. Pour encourager les défrichemens, il fallut décharger les bras des hommes d'une partie de leurs chaines. Les maitres intéressés à cette révolution, accordérent des franchises à quelques communautés naissantes. A mesure que la population & la culture s'étendirent, de nouvelles communautés se formerent, & les mêmes priviléges devinrent successivement communs à tous. Dans la suite des tems, l'exemple des Suisses, les liaisons des Neuchâtelois avec ces républicains, firent respecter des libertés, que le besoin de s'attacher les peuples, contribuoit autant à faire conserver, que la conviction de leur justice

C 4

& de leur utilité. Le tems, les changemens de maitres, donnerent une sanction même aux simples us & coutumes. Enfin, lors de la grande concurrence pour la succession de cette principauté, en 1707, les Etats, à la demande des peuples réunis par une acte d'association, dresserent les *articles généraux*, où les principaux des droits réservés au prince, & de ceux concédés aux communautés, furent déterminés; on parlera plus bas des articles particuliers. Ces *pacta*, acceptés & signés préliminairement par tous les aspirans, furent corroborés par le roi de Prusse, après la sentence rendue en sa faveur. Sur cet acte reposent aujourd'hui les titres réciproques du prince & des sujets, dont nous allons donner une idée.

Les princes de *Neuchâtel* & Vallengin se nomment princes souverains par la grace de Dieu; cette souveraineté est héréditaire & transmissible aux femmes; elle est inaliénable & indivisible; & en cas de contestation sur la succession, les Etats du pays sont juges absolus de la question. A l'avénement de Fréderic I roi de Prusse, son représentant jura de maintenir les us & coutumes, écrites & non écrites, de conserver les libertés spirituelles & temporelles, & tous les priviléges & franchises des peuples; après quoi, les vassaux, & les représentans du peuple prêterent à leur tour le serment d'hommage & de fidélité.

Dans son absence, le prince se fait représenter par un gouverneur; il peut nommer à cette charge un étranger ou un indigene. Il dispose de même des emplois civils ou militaires, non réservés par les priviléges des peuples. Les principaux offices dépendans de la nomination du prince, sont ceux de conseillers d'Etat, de chancelier, de procureur-général, de commissaire-général, de trésorier-général, d'avocat-général, & ceux des châtelains & maires qui président dans les cours de justice. Tous ces emplois ne peuvent être donnés qu'à des bourgeois ou sujets originaires du pays, & nulle personne revêtue d'un office, n'en peut être dépouillée que par une procédure & sentence formelle.

Le principal corps dans la constitution de cette souveraineté, est celui des trois Etats de *Neuchâtel*. Il est composé de douze membres, de quatre nobles ou vassaux, des quatre châtelains & de quatre conseillers de la ville de *Neuchâtel*. Ce tribunal est juge absolu en matiere de fief; même comme nous l'avons dit, sur les questions élevées au sujet de la succession à la souveraineté. Il est encore muni du pouvoir législatif; c'est-à-dire que lorsqu'il s'agit de faire des loix nouvelles, ou bien, de corriger ou d'abroger les anciennes, les opérations de ce tribunal sont proposées au gouverneur, pour avoir l'agrément ou la sanction du prince, & dans ces cas, ainsi que dans ceux où il est question de la souveraineté, les quatre ministraux siegent en personne pour le tiers Etat, & sont obligés par leur serment à rapporter & à suivre, ce qui en a été décidé par la pluralité du conseil de ville. Les Etats font auſſi juges en dernier reſſort des cauſes civiles majeures; leurs ſentences ſont irrévocables, l'exécution n'en peut plus être retardée. Le gouverneur qui préſide aux Etats, n'a que la voix déciſive, lorſque les ſuffrages ſont partagés. Les Etats ſont dans l'uſage de s'aſſembler à *l'ordinaire* & à *l'extraordinaire*; à l'ordinaire, une fois l'année tant à *Neuchâtel* qu'à Vallengin, & à l'extraordinaire dans l'un ou l'autre endroit, ſuivant les occurrences, & toujours d'après l'indication qu'en fait le gouvernement. Voyez au reſte quant aux trois Etats de Vallengin, ce qui ſera plus particulierement dit de ce tribunal à l'article VALLENGIN.

L'autorité du conſeil d'Etat a pour objet la police générale, l'exécution des ordonnances du gouvernement & des ſentences des Etats, la correſpondance avec les Etats voiſins & les puiſſances étrangeres, la garde des droits du ſouverain. Il dépend uniquement du prince, d'accorder des brevets de conſeillers d'Etat, & d'en déterminer le nombre.

C'eſt un des principes eſſentiels de ce gouvernement, que la puiſſance & l'autorité de l'Etat, ne peuvent être que dans l'Etat. Par conſéquent le prince, s'il eſt abſent, ne peut parler aux peuples que par la bouche du gouverneur & du conſeil d'Etat; & aucun ſujet ne peut être jugé ailleurs que dans l'État & par les juges fixés par la conſtitution.

Un autre principe, également important pour le repos de l'Etat, c'eſt que ſes intérêts ſont ſéparés de ceux des autres Etats, que le même prince peut posséder. Par exemple, les Etats de *Neuchâtel* ne prennent aucun intérêt aux guerres du roi de Prusse ; un Neuchâtelois peut servir librement toutes les puissances, tant que celles-ci ne sont pas en guerre directement avec l'Etat & le comté de *Neuchâtel*. Il en résulte cet avantage, & pour le prince, & pour les peuples de *Neuchâtel* & de Vallengin, que ceux-ci, sous le titre d'alliés du corps helvétique, regardés comme indépendans des autres domaines particuliers du prince, sont à l'abri des hostilités, quand même ce dernier est en guerre ouverte avec quelque puissance voisine de la Suisse.

La police de l'église est encore reglée & administrée dans ce pays d'une maniere particuliere. Le clergé de *Neuchâtel* a ses propres loix, conformes à la discipline des autres églises réformées de la Suisse, il n'est comptable qu'à lui même, tant qu'il ne heurte en rien l'autorité du prince & les constitutions de l'Etat. L'assemblée générale du clergé, sous le nom modeste de compagnie des pasteurs, exerce exclusivement le droit, non-seulement de consacrer les candidats pour le saint ministere, mais d'élire les pasteurs, d'examiner leur conduite, de les suspendre ou de les déposer. Le choix du culte public ayant été décidé du tems de la réformation par la pluralité des suffrages dans chaque paroisse, la prépondérance d'un voix fit conserver la messe au Landeron, où la religion romaine a été conservée jusqu'à nos jours. *v.* LANDERON. Les consistoires, sont subordonnés à l'autorité du conseil d'Etat.

A l'époque de 1707 les bourgeoisies de *Neuchâtel* & de Vallengin, reserverent des articles particuliers en faveur de leurs immunités & priviléges, à la suite des articles généraux, qui embrassent les immunités nationales. Nous croyons pour le présent devoir nous borner à ces dernieres. Outre les prérogatives déjà indiquées, nous toucherons un mot de celles qui intéressent le plus directement la propriété personnelle & réelle.

Non seulement tout sujet de cette souveraineté jouit de la plus parfaite liberté pour exercer son industrie ou suivre les espérances des faveurs de la fortune dans le pays & au déhors; il ne peut être arrêté par ordre du fiscal, pour aucun crime, sans connoissance préliminaire des juges; les peines & les amendes sont fixées par les loix pour tous les cas, & celles-ci sont fort legéres. La lenteur des formalités peut favoriser l'évasion des coupables; le méchant peut abuser de la douceur des peines; mais toujours est-ce un des biens les plus essentiels dans une société politique, que les individus soyent garantis des jugemens arbitraires. En matiere criminelle, le prince jouit de la prérogative de pouvoir adoucir la sentence, ou de faire grace.

Les biens des Neuchâtelois ne peuvent être assujettis à aucune nouvelle contribution. Les redevances, très-modiques sur les terres, s'acquittent, ou en argent, à un taux ou abbris fort ancien, & par conséquent fort bas, ou en productions appréciées à un prix très favorable. Le commerce jouit de la plus grande immunité ; aucune marchandise appartenant à un sujet de l'Etat, ne paye des droits ni pour l'entrée ni pour la sortie.

On compte dans ce pays quatre fiefs nobles, savoir, deux baronies & deux terres seigneuriales. Le reste du pays de *Neuchâtel* est divisé en quatre chatellenies, & quatorze mairies qui forment autant de ressorts particuliers de jurisdiction.

C'est du prince que dépend la constitution militaire pour la défense du pays. La milice du pays établie sur le même pied que dans le reste de la Suisse, est divisée en quatre départemens, sous différens officiers majors.

Les revenus du prince ne sont pas considérables ; ils ne passent pas de beaucoup la somme de cent mille livres de France ; aujourd'hui ces revenus sont affermés.

Quoique les défrichemens du Jura en général, ainsi qu'il paroit par des documens historiques du moyen âge, ne soyent pas d'ancienne date, la population dans les montagnes du comté de *Neuchâtel* est aujourd'hui très-forte. Le refuge des protestans françois n'a pas peu contribué à l'accroitre & à en augmenter l'activité par de nouveaux objets d'industrie. L'horlogerie, la lapidairie, la manufacture des dentelles, occupent un nombre d'ouvriers suprenant, dans les vallées de Travers, de la Brévine, du Locle & de la Chaux-de-fond. Le premier de ces arts y a été porté au plus haut point de perfection. Les ouvrages en serrurerie faits dans ces vallées, font recherchés dans les Etats voisins, à cause de leur perfection & de leur prix moderé. Les propriétaires des fonds de terre se plaignent de la disette de manouvriers, occasionnée par la préférence donnée aux arts sédentaires; mais considérent-ils assez la compensation du prix réhaussé des journées, par une vente & consommation plus forte de leurs terres ? Des dénombremens exacts, font monter à passé trente six mille ames la population des pays de *Neuchâtel* & de Vallengin; ce nombre doit paroitre très-fort, si l'on considére la nature du pays, occupé en grande partie par des montagnes fort élevées, & assez stériles en productions propres à la nourriture des hommes. Les vins, & particulierement les vins rouges de bonne qualité, sont la principale denrée qui s'exporte. Le bétail gras & les fromages forment aussi un objet d'exportation qui devient tous les jours plus intéressant; mais sans les moyens que fournissent les profits de l'industrie, pour balancer l'importation des denrées nécessaires; le pays ne nourriroit pas les deux tiers de ses habitans actuels. L'industrie procure l'aisance, & la liberté appelle l'industrie, dans les pays même que la nature paroit avoir le moins favorisés.

NEUCHATEL en Suisse, *Neocomum, Novum-castrum*: l'on croit que c'est la *Noidenolex Aventica* des notices de l'empire. Ville capitale du pays dont on vient de parler, chef-lieu particulier du comté de son nom, entant que distinct de celui de Vallengin,

& siege d'une mairie de 5 à 6 lieues de circuit, mise à la tête de toutes les jurisdictions de l'Etat.

Située sur le bord septentrional du lac dont on donnera plus bas la description, & adossée à des hauteurs que le torrent du Seyon sépare à son embouchure, cette ville, assés petite, mais fort peuplée, est généralement bien bâtie. Un château la domine, deux temples la décorent, nombre de maisons d'une architecture solide & gracieuse embellissent la plupart de ses rues, & elle a du côté du lac une place ouverte, qui fournit des commodités aux gens d'affaires, procure des agrémens aux désœuvrés, & donne de la salubrité à l'air que tous respirent. Cette ville a de plus un fauxbourg magnifique par ses bâtimens & par ses jardins; & tout à la ronde de ses murs, dans les vignes dont son sol est planté, elle a des cabinets ou logemens d'été, placés, construits & employés, à la façon des bastides de Marseille.

Le château de *Neuchâtel* est très-vaste: le comte Berthoud I. le fonda l'an 1250, & l'éleva sur les ruines d'une maison de moines blancs, abolie l'an 1206 à cause du libertinage de son abbé. Ce château servit longtems à la résidence des comtes du pays; ensuite il est devenu la demeure des seigneurs gouverneurs, & le lieu ordinaire des séances, tant du conseil d'Etat de la souveraineté, que du tribunal des trois Etats du comté de *Neuchâtel*. Quant aux deux temples de la ville, ils sont spacieux l'un & l'autre; mais ils différent en architecture tout comme en date ; l'un est à la gothique du X siecle, & l'autre à la moderne du XVII. Ils sont desservis par trois pasteurs ayant cure d'ames, par un diacre faisant les fonctions de catechiste, & par un prédicateur chargé des sermons du vendredi : à ces 5 ministres se joint encore un ecclésiastique allemand, qui tous les dimanches prêche en sa langue dans l'un des temples, & administre les sacremens, suivant l'usage des réformés, à ceux de sa nation, qui répandus soit dans la ville soit dans le pays, se mettent à la portée de ses soins. Tous ces membres du clergé sont choisis & salariés par la magistrature de la ville, & c'est ce que sont aussi les régens de son collége, où les enfans de ses bourgeois étudient gratis.

La magistrature de *Neuchâtel* est nombreuse : elle consiste 1. dans la personne du maire & dans celle de son lieutenant ; 2. dans le collége des *quatre Ministraux* ; 3. dans un *petit conseil* ; 4. dans un *grand conseil* ; & 5. dans le *conseil général*. Ce dernier est l'assemblage de tous les membres de la magistrature : le grand conseil est composé de 40 membres, le petit conseil de 24, & le collége des quatre ministraux de quatre maître-bourgeois, du banneret & de deux maitres des clefs. Le maire & son lieutenant sont nommés & brévetés par le prince : ils ont pour vocation principale la charge de le représenter dans toutes les assemblées de justice & de police qui peuvent avoir lieu dans la ville. Le maire préside à celles là & opine le premier dans
celles

celles-ci. Les quatre maîtrebourgeois font élus pour deux ans, tirés du petit conseil, ils y président chacun pendant six mois; le banneret est élu par le corps de la bourgeoisie, qui le tient en office pendant six ans : il est appellé à porter la banniere de la ville dans les occasions, & il est envisagé comme le tribun ou garde des libertés du peuple. Le petit conseil est la cour de justice de la mairie, & en cette qualité il a pour chef le maire ou son lieutenant : les membres qui viennent à lui manquer, il les remplace lui même, en les choisissant dans le grand conseil, qui au besoin lui sert de renfort. Et enfin le grand conseil, présidé par deux maitres des clefs, que l'on renouvelle tous les deux ans, se complete aussi lui même en cas de vacance, tirant par le sort ses nouveaux membres du corps des bourgeois sans emplois qui habitent la ville ; & ne procédant à ce remplacement que lors que trois membres lui manquent.

La ville de *Neuchâtel* jouit de grandes libertés municipales ; les plus considérables sont le droit de police, & le port d'armes. En vertu de celui-ci, ses bourgeois ne dépendent pour le militaire, que de ses propres chefs ; & en vertu de celui là, il émane de sa magistrature, des reglemens & des ordonnances, qui ont force, non seulement dans l'enceinte de la ville, mais dans toute l'étendue de la mairie. C'est aux quatre ministraux qu'est confiée la direction immédiate de la police ; & c'est à leur college encore qu'il appartient de juger des cas de batardise & de paternité, d'accorder des décrets de prise de corps à l'instance du maire, & d'instruire, sous sa présidence, les procédures criminelles, qui sont ensuite remises au jugement du reste du petit conseil.

Il y a de plus dans cette ville une justice matrimoniale, laquelle a dans son ressort tout le comté particulier de *Neuchâtel*, & est composée du maire, & de huit assesseurs, savoir de deux pasteurs de la ville, de deux conseillers d'Etat, & de quatre membres du petit conseil : les sentences de cette justice, de même que celles de la justice civile, vont par appel au tribunal des trois Etats.

Entr'autres avantages considérables dont les princes du pays ont eu successivement gratifié cette ville, il faut compter la possession où elle est de quantité de forêts & de terres de rapport ; l'acquisition qu'elle a faite des biens de son hôpital & de son église, ainsi que du droit d'en exercer la direction ; la dixme qu'elle lève sur tout le vignoble de la mairie ; le taux modique appelé l'*abbris*, auquel ont été mis ses bourgeois, relativement aux cens en vin ou en grain, dont sont chargés leurs biens fonds, dans quelque lieu de la directe du prince qu'ils soyent gisans &c. Et preuve que tout n'est pas récent dans les immunités neuchâteloises, c'est que dès l'année 1406 la ville est en alliance particuliere & défensive avec l'Etat de Berne.

L'on compte environ trois mille ames dans *Neuchâtel*. Depuis un tems le commerce y fleurit merveilleusement; on l'y cultive dans la branche des fabriques de toiles peintes, dans celle du change, & dans celle des commissions. Il paroit être du caractère des Neuchâtelois de déployer beaucoup d'ardeur dans leurs entreprises, & beaucoup d'habileté dans leurs arrangemens. Enfin la situation riante de cette ville, ses franchises & ses priviléges, le gout de ses habitans pour les arts agréables, leur industrie, & leur politesse, en rendent le séjour intéressant même pour un étranger.

NEUCHATEL, *lac de*, il a environ huit lieues de longueur depuis Yverdon jusqu'à S. Blaise, mais il n'a guere que deux lieues dans sa plus grande largeur, qui est de la ville de Neuchâtel à Cudrefin. Ce lac sépare la souveraineté de Neuchâtel & le bailliage de Grandson en partie, des terres des deux cantons de Berne & de Fribourg. Il y a beaucoup d'apparence qu'il étoit autrefois plus étendu du côté d'Yverdon & de S. Blaise; il n'est pas profond, & il se gele quelquefois, comme en 1695, cependant il ne se gela point dans le rude hyver de 1709. Il est très-riche en poissons de toute espèce.

NEUHAUSEN, bailliage du canton de Schaffousen en Suisse, provenu des terres du couvent sécularisé de Allerheiligen à Schaffousen, & sorti en grande partie de la maison de Fulach. Il y a plusieurs manufactures, des usines, &c. A Werdt il y a un péage considérable & une pêche très-riche qui appartient au canton.

NEUKIRCH, bailliage du canton de Schaffoufen en Suiffe, d'une étendue affez confidérable, acheté fucceffivement par le canton, de différentes perfonnes. Le chef-lieu eft *Neukirch*, petite ville; le bourg de Walchingen eft connu par la revolte des payfans, arrivée en 1717, & qui n'a été entièrement étouffée qu'en 1729. Les payfans avoient ofé s'adreffer à l'empereur, vu que leur village avoit été un arriere-fief de l'empereur, mais l'empereur informé du fait, refufa de s'en mêler. À Ofterfingen il y a de bonnes eaux minérales, dans lefquelles on diftingue l'alun & le foufre. Il y a auffi des mines de fer au Rofsberg. En 1698, on trouva à Gœchlingen beaucoup de médailles antiques romaines en or & en argent.

NEUNFORN, bailliage du canton de Zuric en Suiffe, fitué dans la Turgovie. Ce font proprement deux feigneuries, affujetties aux mêmes regles que les autres feigneuries de la Turgovie. Le canton de Zuric les a achetées de la maifon Stocker de Schaffoufen, & y a établi un baillif, dont la préfecture dure neuf ans.

NEUVEVILLE, mairie & ville de l'évêché de Bâle, fur les bords du lac de Bienne. La ville a été bâtie en 1312 par Gerard évêque de Bâle, qui lui accorda les mêmes priviléges que la ville de Bienne avoit. Elle jouit d'une fituation agréable & de priviléges confidérables. Elle a fon propre magiftrat fous la préfidence du maire. Celui-ci eft établi par l'évêque. Elle a auffi fes propres loix. Depuis 1388, il existe un droit de bourgeoisie entre cette ville & celle de Berne, dont l'étendue a été fixée en 1757 par un traité conclu alors entre le prince évêque de Bâle & le canton de Berne. En vertu de ce droit de bourgeoisie, elle marche avec sa banniere au secours des Bernois. La montagne de Diesse appartient à cette banniere. Les habitans sont depuis 1530 de la religion réformée. Ils sont industrieux, mais les troubles qui ont existé entr'eux dans le courant de ce siecle, leur ont fait de grands torts. La culture des vignes est leur plus grande richesse, quoiqu'il y ait aussi quelques manufactures. Le maire réside dans le château bâti en 1288. Il a aussi le titre de châtelain de Schlofsberg.

NIDAU, bailliage considérable du canton de Berne, tant par son étendue que par sa situation & sa culture. C'est un démembrement de l'ancien comté de Neuchâtel. En 1375 il échut en partage aux maisons de Kibourg & de Thierstein, mais l'évêque de Bâle le reclama comme fief de l'évêché. Une bataille en décida au désavantage de l'évêque. Les comtes hypothéquerent cette terre aux ducs d'Autriche. Berne & Soleure, toujours inquiétés de ce côté là, s'en emparerent en 1388. Le comté de *Nidau* parvint au canton de Berne, & depuis lors c'est un bailliage. Le terrain est fertile en vignes, en champs, en prés, en fruits, en légumes, en jardinages, &c. Les chevaux, quoique de petite taille, sont cependant vigoureux, & les étrangers les achetent pour le service de l'artillerie.

La Thiele qui est navigable, & le lac de Bienne qui est sous la jurisdiction de ce bailliage, joint à la beauté des chaussées, donnent beaucoup d'aisance pour le commerce qui augmente aussi avec succès. Il y a dans ce bailliage de belles carrieres de différentes especes, des eaux minérales à Worben. Tout le pays est exposé à des inondations considérables. Le bailliage a quatre justices intérieures auxquelles le baillif préside. Celle de la ville, le landgericht composé de 12 ammans, celle de Gleresse & celle de Douane. Le landgericht n'a été établi qu'en 1467. Tous les habitans se sont rachetés successivement de la servitude.

NIDAU, le chef-lieu du bailliage est une jolie petite ville, à une demi-lieue de distance de la ville de Bienne. Elle a des rues larges, propres & de belles maisons. Celles-ci sont bâties sur des pilotis. A Belmont, il y avoit un prieuré de l'ordre de Cluny; à Sisélen un couvent de l'ordre des Ursulines; à Tribey on trouve beaucoup d'antiquités romaines, de monnoies, &c. & l'on a raison de croire que Petinesca n'en étoit pas bien éloigné. On y voit encore des restes d'une chaussée des Romains qui tend vers Avenche.

A ce bailliage sont joints la montagne de Diesse dont nous avons parlé sous son article, & les seigneuries de Gleresse & de Douanne, lesquelles n'ont pas fait partie du comté, ayant eu leurs seigneurs, auxquels le canton de Berne a succédé par droit d'achat. La ville de Bienne y a encore des droits considérables, la moitié du militaire, &c. Tous ces droits ont été réglés par plusieurs traités, entr'autres par celui de 1551. Ces deux seigneuries sont presqu'entierement bornées à la culture du vignoble.

Des 10 paroisses qu'il y a dans ce bailliage, chacune a son consistoire, dont les appels se portent au suprême consistoire établi à Berne.

Ce bailliage donne aussi son nom à une des classes du clergé allemand du canton, à laquelle les ministres de Diesse & de la vallée de Moutier-Grandval sont incorporés.

Une partie des villages de cette contrée a deux noms, l'un en allemand, l'autre en françois.

NUGEROLS, *Vallis Nugerolis*. Dans les actes du moyen âge, cette dénomination est très-commune pour toute l'étendue du pays, depuis Landeron jusqu'au canton de Soleure en Suisse. Il paroit même qu'il s'étendoit plus loin. Le Nugrol qui existe encore dans le bailliage de Dornach du canton de Soleure, paroit conserver le nom ancien de cette contrée. Le lac de Bienne porte aussi quelquefois le nom de *lacus Nugerolis*. Son nom s'est perdu peu-à-peu, & dans le XIV siecle il n'y en a plus de traces.

NYON, bailliage fort étendu du canton de Berne, en Suisse. La ville de ce nom est la *colonia equestris Noiodunum* de Pline, de Ptolémée & d'autres auteurs. Aussi y a-t-on trouvé plusieurs inscriptions curieuses & des antiquités assez remarquables, quoique peu proportionnées à la célébrité de la ville. Le canton des environs se nommoit encore dans l'onzieme siecle *Pagus equestricus*. Sous les ducs de Savoie, elle étoit une des quatorze villes qui formoient les Etats du pays de Vaud, & on la compte encore entre les quatre bonnes villes. Après la conquête du pays de Vaud, la réformation y fut introduite. Le canton céda à la ville les revenus du couvent des freres mineurs & des confrairies, & confirma les priviléges qu'elle avoit.

Le bailliage en général est assez médiocrement fertile. Les montagnes fournissent d'excellens pâturages, du bois, des châtaignes, &c. On cultive aussi du vin & des grains. Il comprend les baronies de Prangin & de Coppet, & plusieurs seigneuries. A Prangin il y a des eaux soufrées dont on fait usage. On y a aussi trouvé une inscription romaine, & quelques autres à Coppet.

O

OBERBERG, un des bailliages dans la Alte-Landschaft, de l'abbaye de S. Gall, en Suisse. Le baillif réside maintenant à Gossau, bourg assez grand & bien bâti. L'église y est une des plus anciennes de ces contrées; on la croit antérieure à l'abbaye de S. Gall. La jurisdiction de Sitterdorf dans la Turgovie est attachée à ce bailliage.

OBERHALBSTEIN, en langue du pays SURSASS, un des hochgerichts de la ligue Caddée des Grisons, partagé en trois justices. Les habitans sont tous catholiques, & parlent le romand, langage qui s'est formé de la corruption de la basse latinité. Voyez M. Bertrand de *l'origine des langues de la Suisse*. Ils se sont rachetés de l'évêque de Coire. Leur chef s'appelle *Landvogt*, ce qui est encore un reste des droits que l'évêque y avoit anciennement. La place d'assemblée est au château de Reams.

OBERHOFEN, bailliage du canton de Berne, en Suisse. Il appartenoit à la maison d'Autriche. Berne en acquit en 1386 la souveraineté, & en 1400 la propriété même. Cette république la vendit, & ce ne fut qu'en 1651 qu'elle la racheta & en fit un bailliage. On y cultive beaucoup de vin assez médiocre. Le château d'*Oberhofen*, où réside le baillif, passe pour être très-ancien. L'église de Hilterfingen a été fondée en 933. Le château de Strætligen est aussi de ce bailliage ; il n'en existe plus qu'une tour. Il est renommé, parce qu'on y a cherché long-tems la souche des rois de Bourgogne de la deuxieme race. La seigneurie de ce nom étoit fort étendue ; elle fut achetée par le canton en 1540.

OBERLAND, on donne ce nom, dans le canton de Berne, à la province du canton, qui comprend les bailliages de Thoun, Oberhofen, Unterséen, Interlacken, Haslie, Frutigen, Wimmis, Zweisimmen & Gessenai. C'est là qu'on trouve les montagnes les plus élevées, les glaciers & mille autres curiosités, que nous détaillons aux différens articles des bailliages que ce pays renferme. Voyez Gruner, *Hist. des glaciers*; Bertrand, *Usages des montagnes*.

Aux Grisons, on donne ce nom à la grande & longue vallée, qui s'étend depuis le hochgericht de Dissentis jusqu'à Coire.

OBERVAZ *ou* GREIFFENSTEIN, un des hochgerichts de la ligue-Cadée aux Grisons, composé des jurisdictions d'*Obervaz* & de Bergün ou *Greiffenstein*. Les habitans de la premiere sont tous catholiques romains, à l'exception de Mutten, & parlent le jargon nommé *romand*. Ils se sont rachetés en 1456 de l'évêché de Coire. Les habitans de la jurisdiction de Bergün sont de la religion protestante ; ils se sont rachetés du même évêché en 1537. A Greiffenberg, il y a des mines d'argent, de plomb, de cuivre & de fer, qui sont toutes négligées. Tout ce hochgericht au reste est montagneux & aride.

OLTEN, bailliage du canton de Soleure, en Suisse. *Olten* résidence du baillif ou advoyer, est une petite ville bien bâtie. Elle appartenoit aux évéques de Bâle; ceux-ci l'inféoderent aux comtes de Frobourg. Elle fut ensuite hypothéquée aux comtes de Neuchâtel, de Kibourg & de Thierstein, & ensuite au canton de Soleure en 1426. Ce droit d'hipothéque fut converti en 1532, en un acte de vente formel. La ville a perdu plusieurs de ses priviléges en 1653; mais elle a encore deux conseils & une justice inférieure. Ils sont tous nommés par l'advoyer. Il y a un beau pont sur l'Aar de 372 pieds de long, un couvent de capucins, un péage considérable. Les habitans sont industrieux, & le terroir très-fertile. A Dulliken il y a les eaux du Junkerbrun, qu'on dit très-salutaires contre la dyssenterie. Schœnenwerd est un chapitre de chanoines fondé au XII siecle par les comtes de Frobourg, & enrichi par les comtes de Falkenstein. Le canton nomme aux places de prévôt & des chanoines.

ORBE, ancienne ville de Suisse au pays de Vaud, au bailliage d'Echallens, dont la souveraineté est partagée entre les cantons de Berne & de Fribourg. Elle est à deux lieues du mont Jura, sur la riviere d'*Orbe*, à 16 lieues, sud-ouest, de Berne, 11, sud-ouest, de Fribourg. *Long.* 24, 22. *lat.* 46, 42.

Quelques auteurs croient qu'*Orbe* étoit la capitale du canton nommé *Pagus Orbigenus*.

Quoiqu'il en soit, cette ville a été florissante sous l'ancienne monarchie des Francs. Les rois de la premiere & de la seconde race y avoient un palais, où ils alloient quelquefois passer le tems. Toute cette ville est de la confession helvétique.

Le bailliage est un des treize du pays Romand, & s'avance vers le midi, jusqu'à deux petites lieues au-dessus de Lausanne. Il fait avec celui de Grandson 17 à 18 paroisses.

ORON, bailliage du canton de Berne, en Suisse. Le terrain est assez aride, cependant on y cultive beaucoup de grains, mais point de vin. François de Gruieres acquit cette seigneurie en 1383, par mariage avec l'héritiere de la maison d'*Oron*. Au partage que les cantons de Berne & de Fribourg firent des terres de Michel, comte de Gruieres, cette seigneurie échut à celui de Berne, qui la céda à Jean Steiger son citoyen, mais il la racheta en 1557. On lui a incorporé l'abbaye d'Hautcret de l'ordre de Citeaux, fondée en 1134. On prétend que les conventuels de ce monastere ont planté les premiers des vignes à la Vaux ; cependant on a trouvé à Cully une inscription romaine à l'honneur du *liber pater Coclienfis*.

ORTENSTEIN & VALLEE DE DOMLESCHG, un des hochgerichts, de la ligue de la Maison-Dieu ès Grisons. La *vallée de Domleschg* est très-fertile en vins, en grains & en fruits. La jurisdiction d'*Ortenstein* a eu successivement différens maitres. Les habitans se sont rachetés en 1527. Les deux religions y sont mêlées. A Rothenbrun il y a des eaux acidules. La jurisdiction de Furstenau s'est rachetée des droits des évêques de Coire, qui n'y ont conservé que le château. Les habitans sont aussi des deux religions, & parlent en partie l'allemand, en partie le romansch ou la langue romande. Il y a plusieurs châteaux dans cet hochgericht, entr'autres celui de Réalt, qu'on croit le plus ancien de tous.

ORVIN, en allemand *Ilfingen*, mairie de l'évêché de Bâle, attachée à celle de Bienne en vertu du traité de 1732. Elle touche aux mairies de Bienne & de l'Erguel, & à la montagne de Diesse. *Orvin* étoit déjà connu au X siecle.

P

PAYERNE, ville municipale du canton de Berne. Les environs sont très-fertiles, surtout en grains. La ville paroit être ancienne, quoique le voisinage d'Avenche fasse soubçonner le contraire. Au moins y-a-t-on trouvé une inscription romaine : on croit que Marius, évêque d'Avenche l'a rétablie en 595. Elle eut de tout tems de grandes franchises. Déja en 1225. elle conclut une alliance avec Fribourg. Dans le tems du grand interregne elle reçut Pierre de Savoie pour son protecteur à vie. Rodolphe I empereur l'assiegea & la prit en 1283 par la raison que Philippe, frere de Pierre de Savoie ne voulut pas lui prêter hommage pour les terres d'empire que ce comte avoit en fief; l'empereur lui rendit cependant cette ville. En 1314 le comte Amé en devint le protecteur, par un accord fait avec le monastere. Cela n'empécha pas la ville de *Payerne* de renouveller en 1342, son droit de bourgeoisie avec Berne, déja ancien, & son alliance avec Fribourg en 1349. En 1475 elle fut prise par les Suisses, mais restituée à ses protecteurs. En 1532 elle renouvella la bourgeoisie de Berne, mais en 1536 elle se soumit à ce canton avec tout le pays de Vaud, & embrassa en même tems la réformation. La ville conserva tous ses priviléges, & obtint une bonne portion des dépouilles du monastere.

La ville a son propre gouvernement, qu'elle établit elle-même. L'avoyer est confirmé par le conseil de Berne, & sa charge dure trois ans. C'est à lui qu'on adresse tous les ordres qui concernent la ville de *Payerne*. Il y a en outre un banneret, un conseil, une justice inférieure, & elle est régie d'après ses propres loix, qui sont imprimées. Elle est tout à fait indépendante du gouverneur. Cette ville est célebre dans l'histoire Suisse, en ce qu'elle est déterminée par la paix perpétuelle conclue avec la France en 1516 pour être la place où se doivent tenir les journées de marche pour régler les difficultés qui pourroient s'élever entre cette couronne & les Suisses. Il y a eu aussi beaucoup de conférences entre les ducs de Savoie, le canton de Berne, la ville de Geneve, &c. Elle donne son nom à une des classes du clergé dans le pays de Vaud.

Le gouverneur établi par les Bernois n'a rien de commun avec la ville, il gouverne les revenus de l'Etat. Le monastere de l'ordre de S. Benoit a été fondé en 960 par Berthe, reine de Bourgogne. Une partie du terrain sur lequel la ville de Fribourg fut bâtie, lui appartenoit. L'épouse d'Otto le grand lui légua le prieuré de S. Pierre à Colmar en Alsace, qui a été vendu à cette ville en 1575. Ce sont les revenus de l'abbaye sécularisée que le gouverneur a à régir, & il a la jurisdiction sur trois petits villages, Missy, Trey & Sassel. Une partie des richesses de cette abbaye a été cédée au canton de Fribourg, une autre à la ville de *Payerne*.

PENNINA, *vallis*. On comprend assez généralement sous cette dénomination le Valais & la vallée de Livenen. Ce district étoit partagé en quatre ; les *Nantuates* établis dans la partie du Chablais qui appartient aux Valaisans, les *Veragri* un peu plus haut vers S. Maurice ; les *Seduni*, aux environs de Syon, & les *Viberi* au haut Valais sur la frontiere de la vallée de Livenen ; les Viberi faisant partie des Lepontii. Une inscription trouvée à S. Maurice parle des 4 *Civitates Vallis Pœninæ*. Quand le nom de *Vallis* Pennina a cessé d'être d'usage, le Valais a été appellé simplement *Pagus Vallensis*, comme plusieurs anciens actes en font foi.

PFEFFINGEN, bailliage de l'évêché de Bâle. Le château de ce nom étoit ci-devant très-fort, actuellement il est délabré. Le pays est généralement assez fertile, on cultive même du très-bon vin au Clausberg. Le baillif réside à Æsch. Ce bailliage appartenoit aux comtes de Thierstein & relevoit de l'évêché de Bâle. A l'extinction de cette maison en 1519, les évêques s'en saisirent & le garderent. Les prétentions des Bâlois furent reglées par les cantons.

PFYN, bailliage du canton de Zuric, dans le landgraviat de Thurgovie, en Suisse. Cet endroit étoit déjà connu des Romains ; les Constantins ont rétabli la ville ruinée dans les guerres qui ont ravagé ces contrées. Elle fut encore ruinée par les Allemands, sans avoir pu se relever depuis. Cette seigneurie a eu successivement plusieurs maitres. Le canton

ton de Zuric l'acheta en 1614, & en fit un bailliage. Le baillif est tenu à résidence & son gouvernement dure quinze ans. Elle est un fief de l'évêché de Constance & se trouve compris dans le traité concernant les seigneurs de fief, *Gerichts-Herren-Vertrag* Les appels se portent à Frauenfeld.

PIERRE PERTUIS, en latin du moyen âge *petra pertusa*, chemin de Suisse percé au travers d'un rocher, dans l'évêché de Bâle. La seigneurie d'Erguel & le val S. Imier, sont dans l'enceinte de l'ancienne Helvétie. Le Munsterthal, autrement appellé la *prévôté de Moutier grand val*, au-delà du mont Jura, fait partie de l'ancien pays des Rauraques. Pour communiquer de l'Helvétie dans le pays de ces Rauraques, on avoit ouvert une porte en voute, au travers de la montagne, comme le Pausilipe près de Naples, mais bien moins étendu, parce que la montagne a moins d'épaisseur. L'ouverture a considérablement diminué, parce qu'on a beaucoup élevé la chaussée. L'épaisseur du rocher est encore de 50 pieds, la largeur de la voûte, taillée dans le roc, de 25 pieds, la hauteur de 26.

A une quarantaine de pieds de hauteur depuis le sol du chemin, est une inscription romaine dans une cartouche; le plan en est poli, les bords sont relevés, les lettres grandes, mais elles ne sont pas du plus beau romain. Aussi fait-elle mention de deux Augustes; ce qui semble indiquer le bas Empire.

L'édacité du tems a enlevé une partie de

cette inscription, qui n'est copiée exactement dans aucun auteur, ni dans Munster, ni dans Merian, ni dans Wurstiser, ni dans Stumpf, ni dans Ruchat : tous la rapportent différemment. La voici telle que je l'ai copiée sur les lieux.

NVMINI AVGVS
,VM
VIA VCTA PER M
DVI VM PATER
IT VII COL HELVET

Voici comment je lis cette inscription :
Numini Augus
torum.
Via ducta per montem
Durvum. Paternus
Duumvir Coloniæ Helveticæ.

Durvus est le nom de la montagne qui s'appelle encore aujourd'hui *Durvau*. Avant la réformation c'étoit la borne de l'évêché de Lausanne, & de l'autre côté commençoit celui de Bâle.

Les Augustes, sous lesquels fut fait cet ouvrage, sont selon quelques uns les Antonins; Ruchat adopte cette idée sans en rendre de raison. Ce peuvent être les empereurs Balbin & Pupien. Celui-ci avoit été le gouverneur des Sequanois : le rocher dont il s'agit, étoit le terme de son gouvernement; devenu empereur, ce prince favorisant toujours les Sequanois, leur ouvrit peut-être ce chemin.

Paternus est le nom de celui qui fit faire cet ouvrage : il est appellé *duumvir*, & l'on sait que c'étoit le titre de deux magistrats provinciaux qui commandoient dans les colonies romaines. La colonie romaine étoit depuis long-tems établie à Avanche.

Les rochers de cette montagne percée sont remplis de dépouilles de la mer pétrifiées. La riviere de la Byrse a sa source au pied & coule du côté de Munsterthal, passe à Arlesheim & va se jetter dans le Rhin à Bâle. Ce passage percé est d'un côté à quelques lieues de Bienne, & de l'autre à une grande journée de Bâle. On traverse tout le Munsterthal & la vallée de Délémont, pays très-singuliers, par les pétrifications que l'on y trouve, par les coquilles marines que l'on déterre dans les vallons, par les mines de fer que l'on exploite à Délémont, par les pointes des rochers que l'on voit s'élever en quilles ou pyramides, en allant de Moutier grand-val à Délémont & par les grottes ou canaux, dont ces montagnes sont remplies.

Depuis le traité d'Arberg de 1711, tous les catholiques du Munsterthal ont passé dans les autres vallées toutes catholiques, & les protestans sont venus dans le Munsterthal, où il y a six grandes paroisses; mais la riche abbaye de Belelai est demeurée dans ses possessions. Les habitans du Munsterthal, quoique sujets du prince de Porentrui, sont combourgeois & sous la protection du canton de Berne, & leur banderet ou bandelin, vient apporter à Berne toutes les années cinq florins d'or en hommage. On leur envoye toutes les années aussi un conseiller d'Etat pour visiter leurs églises, qui est sous l'inspection du pasteur de Glereſſe, du canton de Berne.

PLAFAYON, bailliage du canton de Fribourg en Suiſſe, qui appartenoit anciennement aux comtes d'Aarberg, dès-là aux barons de Treme, enſuite aux barons de la Roche. Le canton s'en empara dans le tems des guerres de Bourgogne & le garda.

PORENTRUY, capitale de l'évêché de Bâle, & la réſidence de l'évêque, quoique du dioceſe de Beſançon. La ville eſt peuplée & bien bâtie. Il y a pluſieurs beaux édifices; le college des jéſuites étoit conſidérable. On y voit pluſieurs couvens. La ville a ſon propre magiſtrat, auquel cependant préſident le landshofmeiſter & l'avoyer, leſquels ſont établis par l'évêque. Cette ville appartenoit ci-devant aux comtes de Neuchâtel. Henri III. évêque de Bâle l'acheta en 1271 avec l'Elſgau. Elle fut aliénée de nouveau & ce n'eſt que depuis 1461 qu'elle eſt conſtamment ſoumiſe à l'évêché. La ville jouit de priviléges conſidérables, qui ont donné lieu à pluſieurs démêlés très-ſérieux avec le prince évêque, qui ont été appaiſés en 1741 par les armes de la France.

Elle donne ſon nom à un des bailliages de l'évêché aſſez étendu & ſitué dans l'Elſgau. Il eſt partagé entre les dioceſes de Beſançon & de Bâle. Le territoire eſt très-fertile.

PREGELL, en langue du pays *Bragaglia*. Un des hochgerichts de la Maiſon-Dieu ès Griſons, pays montagneux, mais ſtérile. Henri II. reçut les habitans en 1024 ſous la protection de l'Empire, & il paroit qu'ils ſont toujours restés libres. Ils sont de la religion réformée. Ce hochgericht se partage en deux jurisdictions, *supra porta & infra porta*. Les droits de chacune sont reglés par des traités.

A Casaetsch il y a un grand dépôt de marchandises pour l'Italie; cet endroit a souffert beaucoup par une chûte de montagnes, arrivée en 1673. Au reste, tout ce hochgericht est remarquable par la régularité extraordinaire avec laquelle les vents s'y succedent.

PRETTIGEU, une des contrées de la république des Grisons. Elle comprend les hochgerichts Klotter, Castels & Schiers. C'est une vallée de huit lieues de longueur sur quatre de largeur. Elle est très-peuplée, on croit que c'étoit le siege des *Rucantii*. Les habitans parlent tous l'allemand, ils sont de la religion réformée, forts, robustes, & très-jaloux de leur liberté. Le terrain est fertile sur-tout en pâturages. Cette seigneurie a changé souvent de maitres. La maison d'Autriche a renoncé à tous les droits en 1649, les habitans s'en étant rachetés: Ferdinand III a confirmé cette cession. Pour l'histoire de ce pays, voyez LIGUES *des Grisons*, & pour le détail les articles des trois hochgerichts.

PUSCHIAVO, en allemand PUSCLAV, un des hochgerichts de la Maison-Dieu ès Grisons. C'est un vallon environné de hautes montagnes, mais assez fertile. Il y a par là un grand passage de l'Engadine en Valteline. Les évêques de Coire y avoient des droits, dont les habitans se sont rachetés en 1537. La souveraineté fut cédée en

1486 aux Grisons, par le duc de Milan. Du tems de la réforme on établit une imprimerie à *Puschiavo*, pour répandre les ouvrages des réformés & leur doctrine. Les habitans sont de religion mixte, mais les catholiques sont les plus nombreux. Le chef de ce hochgericht se nomme *podesta*. La langue approche beaucoup de l'italien.

PUSCHIAVO est un bourg bien bâti, assez peuplé dans une jolie plaine. Il y a un couvent de religieuses de l'ordre de S. Romier, fondé en 1629. Le lac de *Puschiavo* est très-poissonneux. La vallée de Brusasco est extrêmement sauvage, il n'y a qu'un chemin fort étroit, les montagnes paroissant se toucher des deux côtés.

R

RAPPERSCHWYL, ville assez grande & bien bâtie au haut du lac de Zuric en Suisse, dans la position la plus riante, jouissant de priviléges considérables, ayant un beau port très-assuré, & dans son territoire des grains, du vin, du bois, de la houille, des carrieres en quantité. Malgré tout cela elle est très-dépeuplée, & n'a, en y comprenant son territoire, que 5000 habitans. On y remarque sur-tout le pont de bois qui traverse le lac de Zuric, & qui a 1850 pieds de longueur sur douze de largeur, bâti en 1358 & suiv. & le couvent des capucins fondé en 1608 qui jouit d'une vue charmante.

Les comtes de *Rapperschwyl* sont très-connus dans l'histoire Suisse. C'étoient des seigneurs riches & puissans. Rodolphe le voyageur, comte de *Rapperschwyl*, bâtit cette ville vers l'an 1091. L'endroit où l'on la place, se nommoit *Endingen*, & relevoit en partie des abbayes de S. Gall, & de notre-dame-des-Hermites. Aux comtes de *Rapperschwyl* succéderent les comtes de Habsbourg, Laufenbourg; à eux les ducs d'Autriche. La ville reçut en 1404 des cantons, Uri, Schwitz, Underwalden & Glaris des lettres de protection. A l'occasion de la réformation, elle perdit en 1532 plusieurs de ses priviléges, d'autres en 1703, à l'occasion des troubles inteſtins; elle en acquit d'autres en 1712, lorſqu'elle fut cédée aux cantons de Zuric, Berne & Glaris. Ces trois cantons s'en font prêter hommage de ſix en ſix ans. La ville a ſon propre magiſtrat qu'elle établit elle-même, un avoyer, petit & grand conſeil, & d'autres charges & tribunaux, le droit de glaive, &c. Les appels en cauſe civile ſe portent à la diette des trois cantons, & enſuite aux cantons mêmes. Elle donne ſon nom à un des chapitres dans leſquels le diocèſe de Conſtance eſt partagé. Son territoire eſt aſſez étendu. Il comprend entr'autres Wurmſpach, abbaye de religieuſes de l'ordre de Citeaux, dont la fondation n'eſt pas trop connue. Elle eſt ſous l'inſpection de l'abbé de Wittingen. On a trouvé dans le territoire de *Rapperſchwyl* quantité de médailles romaines, ſur-tout au Gubel en 1689 & 1690, on en trouva près de quatre mille. Il y avoit des médailles de Valerien, de Claude II, d'Aurelien, de Severine ſa femme, de Probus & de quelques-uns des trente tyrans, &c. On y a trouvé auſſi une inſcription taillée ſur une pierre, qui vraiſemblablement ſervoit d'autel aux Romains. On y trouve auſſi des petits ſcorpions de couleur rougeâtre, mais qui ne font mal à perſonne.

RARON, c'eſt le quatrieme des dizains de la république du Valais, à la tête duquel eſt un maire. Il comprend le bourg de *Raron*, où ſe voyent encore les ruines du château des nobles de ce nom, ſi connus dans l'hiſtoire du Valais & de la Suiſſe. Il y a dans ces environs de belles montagnes & du bon vin. Le Letschthal est très-fertile; on y trouve aussi du soufre & du plomb. Cette vallée a six lieues de long; elle appartenoit à l'ancienne maison de la Tour & Chatillon. Les Valaisans l'occuperent en 1375, & y envoyent à tour un châtelain. Près de Mœrill, on cultive du safran. A Durtig on a découvert des mines d'argent de peu de rapport.

RAURACI. Pline & Ptolémée, de même que plusieurs inscriptions, disent *Raurici*. Les *Rauraci* se joignirent aux Helvétiens pour pénétrer dans les Gaules. César les fit rentrer dans leur ancienne demeure. Il ne paroit pas que ce fut une nation considérable; cependant ils sortirent de leur pays en nombre de 23000 hommes. Ils occupoient une partie de l'évêché de Bâle & sur-tout les environs de la ville de Bâle. Leur capitale s'appelloit *Rauracorum Augusta*.

RAURACORUM AUGUSTA, ville ancienne des Rauraques, réduite maintenant en deux villages à une lieue de Bâle, l'un sur territoire d'Autriche, *Kayser-Augst*, l'autre sur territoire de Bâle, *Basel-Augst*. Il y a peu de villes en Suisse, qui ayent fourni tant de restes des anciens Romains, & aucune qui ait eu le bonheur d'avoir été si bien décrite. M. Brukner nous en a donné une description très-détaillée. Elle forme la 23ᵉ partie de sa description du canton de Bâle. C'est un ouvrage de 400 pages avec 26 planches, & 109 gravures en bois, qui représentent en tout 370 pieces trouvées à *Augusta Rauracorum*.

On y trouve la description de cette ville & de ses édifices, du temple, de l'amphithéatre, des rues, des pavés à la mosaïque, des statues & figures, des pierres gravées, des vases & autres ustensiles, des médailles, des inscriptions, &c. On y a aussi trouvé des instrumens pour le monnoyage, ce qui feroit croire que les Romains y ont fait frapper de la monnoie. Ceux qui, faute d'entendre l'allemand, ne peuvent profiter de l'ouvrage de Brukner, trouveront dans l'*Alsatia illustrata* de Schœpflin, de quoi se contenter.

Il paroit que cette ville est plus ancienne encore que du tems des Romains. Lucius Munatius Plancus la rétablit & en fit une colonie romaine. Elle fleurissoit encore du tems d'Ammien Marcellin, & ne fut ruinée qu'au cinquieme siecle.

REGENSPERG, bailliage du canton de Zuric, en Suisse. Il appartenoit anciennement aux barons de ce nom, les fondateurs des couvents de Rüti & de Fahr. Dès-là il passa dans la maison d'Autriche. En 1393, les habitans conclurent un droit de bourgeoisie avec Bulach, & en 1405, un pareil avec Zuric. En 1409, il fut hypothequé à ce canton, & n'ayant pas été racheté dans le terme prescrit, il lui resta. Depuis ce tems-là, il y a un bailif qu'on change de six en six ans.

Le bailliage est très-fertile, sur-tout en pâturages. Le Wenthal est un des morceaux les plus fertiles du canton. On y trouve de l'excellente marne en quantité, & nombre de pétrifications sur la montagne même.

Le chef-lieu du bailliage eft une jolie petite ville du même nom, fort élevée, fituée fur la crête d'une montagne, qui fait partie d'une branche du mont Jura, fouvent ruinée, de même que le château, par les guerres, les incendies, &c. Le château eft fortifié, & on y conferve un joli arfenal. Outre une belle fontaine il y a un grand puits taillé dans le roc, à 116 pieds de profondeur. La bourgeoifie jouit de la baffe jurifdiction, elle établit deux advoyers & un confeil. C'eft dans ce bailliage que commence cette grande chaîne de montagnes, nommée *Juraffus* ou *Laberberg*. A Otelfingen il fe cultive un excellent vin rouge; à Buchs on a trouvé des antiquités confidérables. *v.* BUCHS.

Regenfperg donne fon nom à une des claffes du clergé dans le canton de Zuric.

REGENSTORF ou ALT-REGENSPERG, bailliage intérieur du canton de Zuric. Il eft gouverné par deux obervogts pris du petit confeil de cette république, qui ne font pas tenus à réfidence.

Ce bailliage, après avoir été long-tems dans les familles de Regenfperg, de Landenberg, Schwend & Mœteli, parvint enfin en 1469 au canton de Zuric par titre d'achat. Le château fut ruiné par les Suiffes en 1443. On y remarque le Katzenfée, deux petits lacs joints enfemble par un canal artificiel. Le lac eft très-poiffonneux, fur-tout en carpes. Les poiffons ne peuvent être vendus qu'à l'abbaye de Wettingen, à laquelle ils appartiennent.

REICHENAU, isle sur le lac de Constance, renommée par le monastere de l'ordre de S. Benoit, nommée anciennement *Sindelizowa*, fondée au VIII siecle. S. Pirmin & Sintlac passent pour en être les fondateurs. Dans peu de tems, cette maison devint une des plus riches en Suisse ; elle comptoit 500 gentils-hommes entre ses vassaux. L'abbé avoit le titre de *prince de l'Empire*. Elle fut incorporée en 1536 à l'évêché de Constance. Ce qui fut confirmé en 1542 par l'Empire. Néanmoins, nous avons vu encore dans le siecle courant, des difficultés nouvelles, élevées à ce sujet à la diette de Ratisbonne, par les conventuels de *Reichenau*. Ses possessions ont été fort étendues, sur-tout en Turgovie, aussi y a-t-il deux baillifs de la part de l'évêque, l'un à *Reichenau* & l'autre à Frauenfeld. Les religieux se vantent aussi d'avoir le corps de S. Marc, que les Vénitiens disent posséder. Cette abbaye a produit un grand nombre de savans, & autres personnes illustres. Voyez Egon, *de viris illustribus* mon *augiæ divitis*. On y voit le tombeau de Charles le gros.

RHIN, *le*, en latin *Rhenus*, grand fleuve d'Europe, qui sembleroit devoir être la borne naturelle, entre l'Allemagne & la France.

Ce fleuve tire sa source, ou plutôt ses sources, du pays des Grisons, dans la partie qu'on nomme la *ligue-haute*. Le mont Adula qui occupa tout le pays nommé *Rheinwald*, & qui s'étend fort avant dans tous les pays d'alentour, sous divers noms, forme trois petites rivieres, dont l'une qui est à l'occident & qui sort du mont Crispalt, est appellée par les Allemands *Vorder-Rhein*, c'est-à-dire le *Rhin de devant* ; & par les François, le *bas-Rhin*. La seconde qui sort du mont Saint-Barnabé, *Luckmanierberg*, s'appelle le *Rhin du milieu* ; & la troisieme qui sort du Saint-Bernardin, *Volgelberg*, est nommée par les Allemands *Hinder-Rhein*, c'est-à-dire le *Rhin de derriere* ; & par les François le *haut-Rhin*.

Un peu à côté à l'ouest, on trouve les sources de quatre rivieres considérables ; savoir, celle du Rhône, dans le mont de la Fourche, qui court droit à l'ouest ; celle du Tésin, qui court au sud ; celle du Reuss, qui prend son cours vers le nord ; & celle de l'Aar, qui coule au nord-ouest.

Despreaux a peint poétiquement le fleuve du *Rhin* & son origine, dans les vers suivans :

Au pied du mont Adule entre mille roseaux,
Le Rhin, tranquille & fier du progrès de ses eaux,
Appuyé d'une main sur son urne penchante,
Dormoit au bruit flatteur de son onde naissante. . . . Epit. 4. vers. 39.

Ce fleuve est profond, rapide, & a son fond d'un gros gravier, mêlé de cailloux. Il est fort bisarre dans ses débordemens, & sa navigation est difficile, tant à cause de la rapidité, que des coupures qu'il fait dans son cours, où on voit un grand nombre d'isles, couvertes de broussailles, très-pénibles à pénétrer.

Il roule quelques paillettes d'or dans son sable, que les habitans des isles du *Rhin* vont chercher après ses débordemens. Les seigneurs limitrophes afferment ce droit, ainsi que celui de la pêche du poisson, qui est abondant dans ce fleuve.

Il donne son nom à deux cercles de l'Empire, qui sont le cercle du *haut-Rhin* & le cercle du *bas-Rhin*.

Le cours du *Rhin* est aujourd'hui beaucoup mieux connu qu'il ne l'étoit du tems de César. Il sépare la Suabe de l'Alsace, arrose le cercle du *haut-Rhin*, & celui de Westphalie. Il se partage ensuite en deux branches, dont la gauche s'appelle le *Vahal*, & la droite conserve le nom de *Rhin*. A huit lieues au-dessous d'Arnheim, il se sépare encore en deux branches; la principale prend le nom de *Leck*, & se joint à la Meuse; l'autre qui conserve son nom, mais qui n'est plus qu'un ruisseau, se perd dans l'Océan, au-dessous de Leyde; ainsi finit l'empire romain, réduit aux fauxbourgs de Constantinople !

Le *Rhin*, déja navigable à Coire dans les Grisons, reçoit dans son cours plusieurs rivieres qui le font de même : il reçoit l'Aar au-dessous de Zurzach, le Neckar à Manheim, le Mein à Mayence, la Lahne vers Ober-Lahnstein, la Moselle à Coblentz, la Roer à Duisbourg, & la Lippe à Wesel. Il entre dans le lac de Constance au-dessous de Rheineck, & il en sort à Stein ; il forme à Lauffen au-dessous de Schaffoufen une cataracte de paffé 150 pieds de hauteur, & il en forme un autre à Lauffenbourg, mais qui est beaucoup moindre. Il a proche de Bingen dans les Etats de Mayence, & proche de Goarshaufen dans les Etats de Hesse, des gouffres ou tournans très-périlleux; & il quitte enfin l'Allemagne au Schenkenschantz entre Emmerik & Nimegue.

RHEINECK, *ou* RHEINEGG, ville de Suisse, capitale de Rheinthal, sur le Rhin, à l'endroit où ce fleuve entre dans le lac de Constance. Elle est munie d'un bon château, où réside le baillif que les cantons y envoyent. *Long.* 27. 30. *lat.* 47. 35.

RHEINTHAL, bailliage appartenant à neuf cantons de la Suisse, savoir, aux huit cantons nommés *les vieux*, & à celui d'Appenzell. Il a huit lieues de long, sur une, deux à trois de largeur. Il est séparé de l'Allemagne par le Rhin. Le pays est extrêmement fertile, sur-tout en vin qu'on y cultive depuis l'an 918. en quantité & d'une très-bonne espece; celui du bas-*Rheinthal* est estimé le meilleur. Outre le vin, ce pays est encore très-fertile en pâturages, en fruits & en lin, mais il ne l'est pas en grains ni en légumes. On y cultive depuis quelques années beaucoup de bled de Turquie & de pommes de terre. La culture des terres a généralement augmenté dans ce pays, après que la plus grande partie des terres communes ont été partagées & passées à clos & à record.

Ce bailliage n'est pas moins fertile en curiofités naturelles; il y a plufieurs eaux minérales à Rebitein, à Balgach, à Kobelweifs & à Thal. Il y a de très-belles carrieres, d'où on tire des maffes de pierre auffi grandes qu'on les défire.

Le pays eft affez peuplé. Il y a près de 13000 ames. Les habitans s'occupent en hyver à filer du lin, à broder de la moufseline, &c. Il y a auffi de très-belles fabriques de toileries, cotons, mouffelines &c. & tout le monde pour ainfi dire y eft induftrieux. Leur commerce eft fort étendu; il y en a qui tiennent des maifons en Italie & en Allemagne.

La religion du pays eft mixte. Les réformés font en plus grand nombre. Le clergé proteftant eft incorporé au fynode de Zuric, & forme la claffe du *Rheinthal*. Le canton de Glaris peut occuper quatre paftorats, & celui d'Appenzell un, les autres fe donnent tous à des bourgeois de Zuric. Le clergé catholique eft du diocefe de Conftance & de Coire, & il eft incorporé au chapitre rural de S. Gall.

Dès les plus anciens tems, ce pays appartenoit à l'Empire. Les comtes de Werdenberg le poffédoient à titre de fief. Léopold, duc d'Autriche, s'en empara en 1396. Les Appenzellois le conquirent en 1405, mais ils le rendirent; il changea enfuite très-fouvent de maître jufqu'en 1460, que ceux d'Appenzell l'acquirent de nouveau, en fe chargeant des fommes pour lefquelles il avoit été hypothéqué. En 1490, ils furent
forcés

forcés de céder ce pays aux quatre cantons protecteurs de l'abbaye de S. Gall; ceux-ci reçurent dans la co-régence les cantons d'Uri, d'Underwalden & de Zug, en 1500 le canton d'Appenzell, & en 1712 celui de Berne. Les cantons de Glaris & d'Appenzell ayant été neutres dans la guerre de 1712, il fut réglé, pour qu'ils ne perdent rien par l'admission des Bernois à la co-régence, que chacun de ces deux cantons y enverroit à tour un bailif de 16 à 16 ans, au lieu que le tour de chacun des sept autres cantons, ne vient que de 18 en 18 ans. Il seroit trop long de détailler tous les droits du bailif, du secrétaire baillival élu de 10 en 10 ans, par les cantons de Zuric, Berne, Glaris & Appenzell à tour, du landammann que les cantons catholiques ont le droit d'y entretenir, quoi qu'ils ne l'ayent pas fait jusques ici, de chaque juridiction, des ammans de justice, &c. tout cela est réglé par les loix, les usages & les traités. Dans les causes civiles, les justices jugent en premiere instance, il y a appel selon les différentes juridictions par devers le bailif de S. Gall ou la cour palatine, ou le comte de Hohenems; mais il y a appel des sentences du bailif seul à la diette, & dès-là aux cantons mêmes.

Les habitans jouissent de beaux priviléges, entr'autres du droit de retrait pour toutes les terres qui se vendent aux étrangers dans ce pays, & sans être tenus à aucun terme, ni même au prix d'achat, car s'ils le supposent trop considérable, ils ont le droit de faire apprécier la terre par des jurés, & de la prendre à ce prix là. Quelques unes de ces terres font exemptes de ce droit, prefqu'unique dans fon genre, & qui ne laiffe aucune fûreté des poffeffions aux étrangers, c'eft-à-dire à tous ceux qui ne font pas bourgeois dans le *Rheinthal*.

Ce bailliage fe partage en deux fections fort inégales. Le haut *Rheinthal* eft la plus étendue, & le bas *Rheinthal* la plus petite.

Dans le bas *Rheinthal*, on remarque la ville de Rheinegg, petite, mais bien bâtie & très-agréablement fituée. Il y a de très-beaux édifices, un commerce fort étendu. C'eft le fiege du baillif & du fecrétaire baillival. Les habitans font tous de la religion proteftante. A Thal il y a peut-être la plus belle vue de toute la Suiffe, on y voit le lac de Conftance, le Rhin, une grande partie de la Suiffe & de la Suabe.

Dans le haut *Rheinthal*, il y a beaucoup de villages très-confidérables, & Altftetten, petite ville, très-bien fituée, elle a du commerce. L'abbé de S. Gall y entretient un obervogt, foit baillif pour y exercer la baffe jurifdiction. Les affaires de la ville même fe gouvernent par un amman & le confeil. Il y a un couvent de religieufes du tiers ordre de S. François. Les dioceses de Conftance & de Coire fe touchent à Montligen, village qui leur fert de bornes. La mine de criftal au mont Gamor eft très-curieufe & riche, mais le criftal eft trop mol & fe caffe en petits morceaux.

RHEINWALD & SCHAMSERTHAL, un des hochgerichts de la ligue Grise au pays des Grisons. Il est partagé en deux parties.

Le *Schamserthal*, vallée de Schams, *Vallis Sexamniensis*. On prétend que cette vallée prend son nom de six petites rivieres qui s'y jettent dans le Rhin. Elle est très-fertile en pâturages, en prés & en champs, & les rivieres sont fort poissonneuses. Il y a aussi des mines d'argent, de fer, de cuivre, de plomb & d'antimoine, qu'on prétend être riches sans qu'on les cultive. Les deux chemins qui menent par le vallon, se nomment, à juste titre *via mala*, car ils sont en tout sens très-dangereux. Les habitans sont de la religion réformée, & parlent la langue romande. Les maisons de Venosta, de Vaz, de Werdenberg, & les évêques de Coire en furent successivement les maitres. En 1458 les habitans se racheterent & confirmerent leurs liaisons anciennes avec la ligue-Grise. Il y a des sources minérales à Ander & à Farnera. Sur la montagne dite *Arose*, on trouve le lac Calendari. Il est petit, mais très-profond, n'ayant aucune issue. Il indique les orages par un tourbillon d'eau qui s'éleve avec beaucoup de bruit. On débite au reste plusieurs autres fables au sujet de ce lac.

Le *Rheinwald*, *Vallis Rhenana*, a huit lieues de longueur. C'est là que le Vogelberg, *Colme del Uccello*, autrement dit S. Bernardin, est couvert de glaces éternelles, ou glaciers de deux lieues de longueur, d'où sortent divers ruisseaux qui se jettent dans un lit profond.

Les montagnes qui s'élevent au-dessus du *Rheinwald*, sont si rudes qu'elles ne servent qu'au pâturage de quantité de troupeaux dans les Grisons, & des brebis qu'on y mene d'Italie, à la fin des grandes chaleurs de l'été, ce qui vaut aux peuples de la ligue haute environ deux cents mille écus par an.

Les bergers bergamasques qui paissent ces brebis, menent une vie dure & fort grossiere. Leur nourriture est de la farine de mil, cuite à l'eau sans sel & sans beurre. Leurs cabanes sont quelques rochers unis, couverts d'un toit transparent. Leur matelat est du vieux foin; leur oreiller un morceau de bois, & leur couverture une mauvaise houppe de cheval. Mais vous qui êtes rongés de soucis dans vos palais dorés, vous, qui faites consister le bonheur dans la molesse, vous,

Qui confondez avec la brute
Ce berger couché dans sa hute,
Au seul instinct presque réduit,
Parlés : quel est le moins barbare
D'une raison qui vous égare,
Ou de l'instinct qui le conduit?

Ces pâturages doivent à ce qu'on prétend leur valoir neuf cents mille livres de France. Les premiers habitans étoient les *Lepontii actuatii*. Ils parlent encore un allemand corrompu qu'on nomme *allemand Lepontin*. Les barons de Vaz, les comtes de Werdenberg & la maison de Trivulle en furent successivement les maîtres. Les habitans se racheterent en 1616 & 1634. Déjà en 1400 ils avoient conclu une alliance avec le canton de Glaris, & en 1404 avec la ligue-Grise. A Splugen, il y a un entrepôt considérable de marchandises qui passent d'ici en partie dans le Milanés, en partie dans l'Etat de Venise. Il y a un autre entrepôt au Hinterrhein.

RIECHEN, seigneurie dans le canton de Bâle: elle fut hypothequée par les évêques de Bâle aux ducs d'Autriche. Ceux-ci la vendirent aux nobles de Ramstein. L'évêché de Bâle l'acquit une seconde fois, & la céda en 1528 au canton de Bâle. C'est une des plus belles contrées du canton, tant par sa situation & sa fertilité que par l'art; car c'est ici que les Bâlois aiment à déployer leurs richesses, & on y voit des campagnes charmantes & de beaux jardins, égayés par de beaux jets d'eau. On y trouve aussi quelques antiquités romaines.

RIVIERA ou POLESE, bailliage des cantons d'Uri, Schwitz & Underwalden sous la forêt, conquis avec le bailliage de Bellenz. Il a quatre lieues de longueur sur une & demie de largeur. Il n'est fertile qu'en pâturages. Les habitans ont presque les mêmes priviléges que ceux de Bollenz, voyez ce mot; & la maniere de gouverner ce bailliage est aussi la même. Il y a un couvent de religieuses de l'ordre de S. Benoit à Aaro. A Abialco on a trouvé des grenats aussi beaux que ceux de l'Orient; mais on néglige actuellement d'en chercher. Le bailli réside à Ollogna.

ROCHE, chef-lieu de la résidence du directeur des salines; au canton de Berne; ce qui fait depuis 1731 un des bailliages du canton. Nous avons parlé de ces salines à l'article BEVIEUX. Le directeur a sous les ordres un controlleur, un facteur à Aigle & un autre à Bevieux, & un ingénieur. Il regne à *Roche* un vent périodique tout à fait regulier. L'illustre M. de Haller a donné un mémoire circonstancié sur cette singularité de la nature; il est imprimé dans le premier volume des nouveaux commentaires de la societé royale de Gœttinguen.

ROCHEFORT, mairie de la principauté de Neuchâtel, aux confins de celles du Locle, de la Sagne, de Vallengin & de la Côte, de la chatellenie de Boudry, de la mairie de Bevaix, de la seigneurie de Travers, & de celle de Mortau en Franche-Comté. C'est par son rang la 7. des jurisdictions du comté de Neuchâtel; & c'en est en même tems l'une des plus étendues & des plus montueuses. Elle renferme les villages ou communautés de *Rochefort*, de *Brot*, de *Plambos*, des *Ponts de Martel*, & de *la Chaux du milieu*, avec une multitude de maisons écartées & divers hameaux tels que *Chambrelin*, *Montesillion*, les *Grattes*, *Prés secs* &c. Et tous ces lieux sont habités de gens actifs & laborieux, de gens que l'apreté du sol ne rebute point, & que l'inclemence des saisons au contraire, semble ne rendre que plus vigoureux. L'on croit cette mairie peuplée d'environ deux mille ames.

Les bois, les fourrages & les pâturages en font les productions principales : il y croit aussi quelques menus grains ; & l'on y fouille la tourbe aux environs du village des *Ponts* vers l'extrémité occidentale du vallon des Sagnes. Les grandes montagnes de la Tourne & des Joux sont dans son enceinte ; l'on en admire la hauteur ; les chemins & les herbages. L'on trouve aussi près du village de *Rochefort*, sur un mont qui bouche le Val-Travers à l'orient, & du sommet duquel on voit la Reuse comme dans un abime, & le bas du pays s'étendre en bel amphitheâtre jusqu'au lac, l'on y trouve, dis-je, les ruines d'un ancien château, qui fut rasé l'an 1412, & qui jusques alors avoit été occupé par des barons, dont le dernier est fameux dans l'histoire de Neuchâtel, pour avoir gouverné le pays avec sagesse sous Conrad de Fribourg ; pour avoir entrepris d'en multiplier frauduleusement les franchises, au moyen d'un acte reconnu faux ; & pour avoir enfin payé de sa tête, ainsi que de la confiscation de ses biens & de l'exil de ses enfans, le crime de perfidie dont il fut alors atteint : ce baron, qui se nommoit *Walter* ou *Gautier*, & qui étoit fils batard du comte Louis I. de Neuchâtel, avoit pour complices une femme qui étoit sa sœur, & un religieux qui étoit chanoine du chapitre de Neuchâtel : rarement a t'on eu vu des bonnes choses, opérées par l'esprit monachal joint à celui du beau sexe.

ROLLE, baronnie considérable dans le

bailliage de Morges, au canton de Berne en Suisse : le chef-lieu est un bourg très-agréablement situé au bord du lac, dans l'endroit où il s'avance dans les terres, & fait un enfoncement considérable, tellement que c'est à-peu-près le lieu de sa plus grande largeur ; ce lieu est environné de vignobles très-estimés & de jardins. Il n'a ni murailles ni portes, & fut fondé en 1261, par les barons de la terre de Mont. Le château, résidence du baron est grand, & environné d'un fossé. Il y a dans les environs des eaux minérales dont on fait usage avec succès.

ROMAINMOTIER, un des bailliages les plus curieux du canton de Berne. Il est fort étendu & très-montagneux. L'abbaye qui y existoit ci-devant doit avoir été fondée par Pepin, pere de Charlemagne ; Rodolphe, roi de Bourgogne, la céda en 888, à sa sœur Adélaïde, reine de Bourgogne, qui la rétablit en 934, & la soumit à l'abbé de Cluny. Elle s'enrichit beaucoup. On lui incorpora en 1321 le prieuré de Vallorbe. Elle a été sécularisée à la conquête du pays de Vaud, de même que l'abbaye du lac de Joux qui est aussi fort ancienne.

La ville de *Romainmotier* est mal située ; elle a cependant une jolie église.

La vallée du lac de Joux, le lac de ce nom, la source extraordinairement grande de l'Orbe, son cours singulier, le site du pays, les arts qui y fleurissent, les horlogers, les lapidaires, les armuriers, les couteliers, mille autres choses méritent la plus grande attention d'un philosophe. Elle n'est cultivée que depuis 1186, où Fréderic I empereur permit à Ebul de la Sarraz de la peupler.

La baronnie de la Sarraz étoit d'une étendue considérable. Elle appartient depuis long-tems à l'ancienne famille noble de Gingins, mais elle a été partagée en plusieurs seigneuries. La ville de la Sarraz est petite, mais bien bâtie. Il y a des carrieres de marbre & d'autres pierres extraordinairement dures, & des eaux minérales à S. Loup, dont on se sert contre les nerfs foulés & les rhumatismes.

ROMISHORN, bailliage de l'abbaye de S. Gall, situé en Turgovie en Suisse, composé de plusieurs justices inférieures, *gerichte*, & gouverné par un baillif qui réside à *Romishorn*. C'est un vieux bourg avec un château. Il a été connu des Romains sous Tibere & Valentien III. Les Romains y avoient sans doute un *castrum*. Le tout appartient depuis très-long-tems à l'abbaye. On trouve qu'il a déjà été liberé par elle au XIII siecle d'une dette pour laquelle il avoit été hypothequé. La plus grande partie des habitans de tout ce bailliage, est de la religion protestante. Le château est libre & non sujet au baillif de la Turgovie.

ROMONT, bailliage du canton de Fribourg, le plus étendu de tous ceux de ce canton, ayant anciennement le titre de comté. Il a été conquis en 1536 sur la maison de Savoie. *Romont* est une ville d'une grandeur médiocre, dans une position riante & garnie de fortifications. Elle doit avoir été fondée au VII siecle par les rois de Bourgogne. Les Suisses la conquirent déjà en 1475, mais ils la rendirent à la conquête de 1536; elle se rendit sous la reserve de ses priviléges & loix, & de ne pas être tenue à servir contre ses anciens maitres. Il y a plusieurs couvens en ville; un autre se trouve tout près, c'est un couvent de religieuses de l'ordre de Chartreux, nommé la *Fille-Dieu*, fondé en 1260, par Agnès de Villa & doté richement par la noblesse des environs. Il est sous l'inspection de l'abbé de Hauterive. Ce bailliage comprend encore un grand nombre de seigneuries. Celle de Mezieres appartient à la marquise de Grammont & au marquis de Lugeas.

Romont donne son nom à un des doyennés de l'évêché de Lausanne. *Long.* 25. *lat.* 46. 48.

ROSCHACH, bailliage de l'abbé de S. Gall en Suisse. *Roschach* même est un bourg très-bien bâti, fort peuplé & très-agréablement situé sur les bords du lac de Constance. Il est difficile de voir un plus beau pays, une plus agréable situation, & un lieu où il y ait généralement & à proportion un plus grand nombre de belles maisons. Elle jouit d'un beau port, d'un grand magazin de bled, de belles halles & d'autres bâtimens. Fréderic III lui accorda en 1485, de beaux priviléges. Il y a un commerce considérable en toileries, en indiennes, en grains, en fruits, en salé, en bétail & en vins. Le couvent de Mariaberg fut bâti par l'abbé Ulric VIII qui voulut y transporter l'abbaye de S. Gall. Il fut brûlé en 1489 par les peuples voisins qui s'accommodoient peu de ce nouveau voisinage, mais il fut rétabli en 1490, & sert actuellement de résidence à des conventuels de S. Gall, chargés de la direction de ces contrées. Il y a encore d'autres couvens peu considérables. On croit que Wartensée a été connu des Romains & fortifié par eux pour resister aux Allemands voisins.

ROTHENBOURG, bailliage très-considérable du canton de Lucerne en Suisse, gouverné par un membre du petit conseil, qui n'est pas tenu à résidence, & dont la préfecture ne dure que deux ans. Il est fertile en grains & en pâturages. Les barons de *Rothenbourg* en étoient anciennement les maîtres. Albert I l'acheta d'eux. Les ducs d'Autriche le céderent & le vendirent au canton après la guerre de Sempach, & celui-ci racheta aussi les droits de la maison de Grunenberg, à laquelle une partie avoit été hypothéquée. *Rothenbourg* étoit anciennement une ville, mais ses murailles & le château furent rasés en 1385 par les bourgeois de Lucerne. Le pont sur lequel on passe le Rothbach, est très-remarquable par sa structure, sa hauteur, &c. Il a 157 pieds de long. Les piliers ont 68 pieds de haut sur 37 d'épaisseur. Il est tout de pierre de tailles, & couvert d'un toit artistement construit. La largeur est de 25 pieds.

Ce bailliage renferme plusieurs couvens célebres. Celui de Rathhausen est habité par des religieuses de l'ordre de Citeaux, & soumis à l'inspection de l'abbé de S. Urbain. Il a été fondé sur la fin du XII siecle ou au commencement du XIII par des bourgeois de Lucerne, consacré en 1259 & doté par Albert duc d'Autriche, par des comtesses de Nellenburg, & par la noblesse des environs. En 1592 on fit de grands changemens dans la regle de ce monastere, & depuis ce tems-là il fleurit considérablement. Eschenbach étoit le chef-lieu des barons d'Eschenbach si renommés dans l'histoire Suisse. Il y a un couvent de religieuses de l'ordre de Citeaux, fondé en 1285 par les barons d'Eschenbach. Il étoit alors destiné à un chapitre de chanoinesses de l'ordre de S. Augustin.

Il fut ruiné entierement en vengeance de l'assassinat commis en la personne d'Albert I. Peu-à-peu il se rétablit. En 1475 les religieuses adopterent l'ordre de Citeaux. En 1588 on accorda le titre d'abbesse à la préposée. Il est soumis à l'inspection de l'abbé de S. Urbain.

Hohenrein, commanderie de l'ordre de Malthe, fondée par les comtes de Habsbourg & la noblesse des environs. Elle jouit du droit de bourgeoisie à Lucerne, depuis 1415 celle de Reyden lui a été réunie.

Neukirch, couvent de religieuses de l'ordre de S. Dominique, fondé en 1182 par les nobles de Kussenberg, & enrichi par Gottfried, comte de Habsbourg & autres. Il est incorporé à celui de Rathhausen depuis 1588.

On a trouvé dans ce bailliage à différentes reprises, des amas de médailles romaines, sur-tout dans la paroisse de Hochdorf.

RUE, bailliage du canton de Fribourg, en Suisse, conquis sur la maison de Savoie en 1536. *Rue* est une petite ville, elle a été conquise en 1475, mais rendue alors par les cantons.

RUEDLINGEN, bailliage du canton de Schaffousen, en Suisse, séparé de ce canton, & acheté en partie en 1520. La haute jurisdiction appartenante au landgraviat de Sulz ne fut achetée qu'en 1656. Le couvent de Rheinau & l'évêque de Constance y conservent encore des droits féodaux.

RUMLANG, bailliage du canton de Zuric, en Suisse, gouverné à tour par deux conseillers qui ne sont pas tenus à résidence. Les Zuricois démolirent le château en 1387. Henri de *Rumlang* leur vendit la seigneurie, en 1424. Il n'a rien de remarquable.

RUSSWYL, bailliage du canton de Lucerne, fertile en grains, en fruits & en pâturages. Les barons de Wollhausen le possédoient sous le nom *das aussere amt von Wollhausen*. L'empereur Albert I l'acheta d'eux en 1299, ses héritiers l'hypothequérent à la maison de Grunenberg, & celle-ci à celle de Thorberg. Lucerne s'en empara en 1386, & l'acheta en 1405 du duc Frédéric en se chargeant des sommes pour lesquelles il étoit hypothequé. Ce ne fut cependant qu'en 1471 que le canton en fit un bailliage séparé, dont le bailli pris dans le petit conseil est changé de deux en deux ans. Ce qu'il y a de plus remarquable dans ce bailliage, ce sont les bains de *Ruſswyl*, & le monastere de Wertenstein. Les eaux ont été découvertes vers 1680. En 1693, on les ramassa & le gouvernement prescrivit une police à observer sur les lieux. Les sources se perdirent peu après & se mêlerent avec d'autres eaux. On trouva en 1717 le moyen de les en séparer, & de les avoir dans leur force primitive. Feu M. Cappeler en a donné une description au public. Il y a trouvé du sel très-volatil, du soufre, du bitume, du fer, &c. Il les croit rafraichissantes, stomachiques, purifiantes & sudorifiques. Le couvent de Wertenstein est de l'ordre de S. François fondé par le canton en 1630.

RUTI, bailliage du canton de Zuric, en Suisse. C'étoit un couvent de l'ordre des prémontrés. Luthold de Regensperg le fonda en 1206, & les comtes de Toggenbourg, avec toute la noblesse des environs, le doterent largement. Les comtes de Rapperschwyl en furent les premiers avoyers. En 1402 il prit le droit de bourgeoisie à Zuric. Le dernier comte de Toggenbourg, Fréderic VI, mourut dans ce monastere en 1436. Les revenus du couvent étoient si considérables autour de Zuric même, que le couvent entretint dans cette ville une maison, des magasins & un receveur. Cette charge subsiste encore. En 1525, il fut réformé & converti en bailliage; le baillif est établi pour six ans. Scheuchzer trouva de bonnes tourbes dans les environs; on en fait grand usage à Zuric.

RUTTI, bailliage de la ville de Zug, dans

la partie haute des bailliages libres. Elle y a acheté en 1494 la collature, la dixme, & la basse jurisdiction, & elle établit de deux en deux ans du nombre de ses bourgeois un baillif nommé *twingherr*, qui est en même tems curateur de S. Wolfgang, dans le bailliage de Cham.

RYSCH & GANGOLDSCHWEIL, bailliage de la ville de Zug, en Suisse. Il appartenoit aux barons de Hunenberg & ensuite à la famille Meyer. Celle-ci vendit ses droits à la ville de Zug, qui acheta aussi en 1484 les droits qu'avoit l'abbaye de Muri sur ces contrées. La famille de Hertenstein y avoit de même des droits & en a encore, comme la collature à *Rysch*.

S

SAGNE, *la*, mayrie de la principauté de Neuchâtel, la troisieme du comté de Vallengin, &, eu égard au peu de terres labourables qu'elle renferme, l'une des plus peuplées du pays. Elle est entourée de celles de Rochefort, de Boudevilliers, de Vallengin, de la Chaux-de-fond & du Locle : elle n'a pas quatre lieues de circuit ; elle ne forme qu'une seule paroisse laquelle porte son nom ; son terroir est beaucoup moins riche en grains & en foins, qu'en bois & en pâturages ; elle a même quelques marais dans son district ; & pourtant on n'y compte pas moins de 1300 habitans, lesquels, à la façon des autres montagnards Suisses, sont plutôt répartis dans des hameaux & maisons détachées, que dans des villages proprement dits. Pour le sol & pour le climat, c'est un lieu pareil au Locle: il a fallu du courage, de la vigueur & de la constance, pour en entreprendre la premiere culture, & pour y établir une demeure fixe. Deux chaînes de montagnes couvertes de sapins l'enclavent au nord-ouest & au sud-est : la vallée n'en est ni étroite ni profonde ; les vents y soufflent sans gêne ; mais aussi la couche de terre n'en est que moins épaisse, & les productions n'en sont que moins abondantes. Cependant le gros bétail prospére beaucoup dans cette

mayrie;

mayrie; les soins qu'il demande & les profits qu'il donne, font le partage de la plupart de ses habitans, dont le plus petit nombre se livre à la profession des arts & métiers, & dont la totalité se distingue dans la contrée, par une frappante simplicité de mœurs, par un attachement extrême à ses us & coutumes, & par un zéle ardent pour la conservation des droits, franchises & libertés, dont il fut jadis du bon plaisir des seigneurs de Vallengin de gratifier leurs sujets, & dont il n'a pas été indigne de la sagesse, de la justice & de la bonté de la maison de Prusse de les laisser jouir, dès son avénement à la principauté du pays. La *Sagne*, d'ailleurs est remarquable, pour avoir vu naitre en 1665 *Daniel Jean Richard*, fondateur de l'horlogerie dans ces montagnes, où, de nos jours, il se fabrique, année commune, au de-là de 30 mille montres de poche; où l'on travaille des pendules simples & composées, que Londres & Paris ne désavoueroient pas; & où il se fait enfin des automates, admirés même de M. de Vaucanson.

SARGANS, ville de Suisse, capitale du comté auquel elle donne son nom, avec un château où réside le bailli; c'est une petite ville bâtie sur la croupe d'un monticule qui est une branche de la grande montagne nommée *Schalberg*. Les sept anciens cantons acheterent cette ville, ainsi que le comté, en 1423. *Long.* 27. 12. *lat.* 47. 10.

SCHAFFOUSE, ou SCHAFHAUSEN, ville & canton de la Suisse, situés hors des anciennes limites de l'Helvétie en de-là du Rhin, dans le pays occupé anciennement par les Latobriges, enclavé dans le moyen âge, dans le duché d'Allemannie & la Suabe, & faisant alors une portion du Hegaw & du Klettgaw.

La nécessité de débarquer à quelque distance au-dessus de la grande cataracte du Rhin, les marchandises qui descendoient ce fleuve, & le transit de la Suisse en Allemagne, ont sans doute occasionné l'établissement des premieres habitations dans ce lieu. Un acte du regne de Charlemagne indique le bourg de *Scafhusitum*. Un comte Eberhard de Nellenbourg y fonda en 1052, un monastere sous la regle de S. Benoit, qui fut dédié à tous les saints. Il fit cession à ce monastere de tous les droits seigneuriaux utiles & de police sur le bourg. Cette fondation y attira des artisans, la population s'étendit; le lieu fut entouré de murs vers le milieu du XIII siecle. On voit par des documens, que vers le même tems il existoit un pont sur le Rhin au-dessus de la ville.

Successivement la bourgeoisie obtint des immunités; elle se racheta & se dégagea de divers droits attaches au monastere; *Schaffouse* devint ville impériale, son administration prit la forme d'une aristocratie bourgeoise qui subsiste encore; nous en indiquerons les traits les plus caractéristiques. Sa liberté naissante fut comprise par le droit d'hypotheque que l'empereur Louis IV, accorda aux ducs d'Autriche Albert & Otton.

Elle fut relevée pour le prix de 6000 florins, par l'empereur Sigismond en 1415, à l'époque où le concile de Constance poursuivit le duc Fréderic.

Les ducs d'Autriche tenterent la voye de la négociation & celle des hostilités pour se remettre en possession de *Schaffouse*, mais cette ville, appuyée de diverses alliances, tant avec d'autres villes impériales qu'avec quelques cantons Suisses, sauva son indépendance & obtint enfin l'association à la ligue helvétique en 1501. Par son rang, elle est le douzieme des treize cantons. Son territoire a été formé par diverses acquisitions à prix d'argent, des terres de la noblesse voisine & même de celles de la maison d'Autriche. Sa réception dans la ligue la fait participer au gouvernement des quatre bailliages, situés sur les confins du Milanois, conquis par les troupes des Suisses confédérés. Elle jouit aussi de tous les bénéfices des traités de paix ou d'alliance, faits tant par la nation helvétique, que par les cantons protestans en particulier, avec d'autres puissances.

Après d'assez longues agitations parmi les habitans, la réformation fut publiquement embrassée par le gouvernement en 1529, & établie dans tout le canton. Les anabaptistes & quelques autres sectes exciterent de nouveaux troubles. C'est à cette occasion que fut élevé le château fort qui domine sur la ville, & dans lequel est le dépôt de l'artillerie.

Schaffouse est une jolie ville, située sur la rive droite du Rhin, entourée de vignobles

& de terres bien cultivées. Elle renferme environ 7000 ames. Le pont sur le Rhin, qui fait la seule communication de ce canton avec le reste de la Suisse, a été entrainé plusieurs fois par les débordemens du fleuve; en 1754, il fut en partie ruiné par les eaux, en partie démoli. Il a été construit de nouveau en bois, d'un seul arc ou ceintre d'une rive à l'autre. L'architecte de ce nouveau pont, qui peut passer pour un chef-d'œuvre en charpenterie, est un nommé *Gruebmann* d'Appenzell.

Le gouvernement municipal dans son origine, est devenu une aristocratie bourgeoise. Dans le tems que la ville, aliénée de l'Empire, étoit soumise aux ducs, ceux-ci nommoient un baillif pour y résider en leur nom. Un avoyer assisté d'un conseil administroit la justice & la police. Le duc Léopold ordonna en 1375 que le petit conseil, présidé par un avoyer, seroit de seize, & le grand conseil de trente membres, choisis, la moitié parmi la noblesse domiciliée dans la ville, l'autre parmi les bourgeois artisans. Douze ans après le duc Albert augmenta ces nombres à vingt pour le petit, & à soixante pour le grand conseil. Le duc Frédéric leur accorda en 1411 de distribuer la bourgeoisie en abbayes ou corps de métiers, dont chacune formeroit un nombre égal de sujets pour les deux conseils. C'est la forme qui subsiste encore aujourd'hui, avec quelques changemens adoptés en 1689.

Les douze abbayes ou *Zunfte*, donnent

chacune cinq membres pour le grand conseil des soixante, & deux membres pour le sénat ou conseil des vingt-quatre : de sorte que le conseil combiné, y compris le bourguemaitre ou président, qui depuis 1411 a succédé à l'avoyer, est de quatre-vingt & cinq membres. Ces élections se font par les citoyens de chaque abbaye, à la pluralité des suffrages; la loi veut que chaque vacance soit pourvue quatre heures après le décès, l'usage est de faire l'élection dans l'après-dinée, quand la vacance arrive le matin, & le lendemain quand elle arrive le soir. Huit jours après l'élection, le nouveau élu est grabelé par le petit conseil; s'il n'y a point d'objection légitime contre le sujet, il est admis au serment de purgation, de n'avoir ni corrompu les électeurs, ni employé l'intrigue pour parvenir. Les charges de bourguemaitre, de statthalter ou lieutenant, & des deux tréforiers, se donnent dans le conseil combiné, à la pluralité des voix.

On appelle bourguemaitre, *bourgermeister*, les deux chefs ou présidens du gouvernement. Ils alternent dans leurs fonctions d'une année à l'autre; au moyen de cette nouvelle élection, ces charges peuvent rester à vie. Chaque année, le lendemain de la pentecôte, les conseils en corps se rendent de la maison de ville à l'église de S. Jean, pour présenter à la bourgeoisie assemblée leur nouveau chef. Celui-ci jure publiquement l'observation des constitutions de l'Etat & des immunités de la bourgeoisie ;

les conseils & les bourgeois prêtent serment à leur tour. Le statthalter ou lieutenant a le troisieme rang, il fait les fonctions des bourguemaitres dans leur absence. Les deux trésoriers ont la direction des finances, la surveillance sur l'arsenal. Comme les membres du petit conseil sont pris à portion égale, deux de chaque tribu, celle de laquelle est pris le bourguemaitre régnant, lui subroge un lieutenant, qui assiste pendant l'année de sa préfecture aux assemblées du sénat. Les deux sénateurs, chefs de chaque tribu, sont appellés *obhern & Zunftmeister*, président & tribun.

C'est dans le grand conseil combiné, qu'en vertu des loix constitutionales réside le pouvoir suprême. Les diverses parties du pouvoir exécutif, la police, la jurisdiction criminelle & civile, l'œconomie publique, le département militaire, la police ecclésiastique, &c. étant distribués entre les conseils & les commissions subordonnées, où les délibérations sont préparées, de la même maniere à peu-près que dans les autres cantons aristocratiques de la Suisse, il seroit superflu d'entrer là-dessus dans de plus grands détails.

La population du canton de *Schaffouse*, indépendamment de la capitale, est estimée de 23000 ames. Il est subdivisé en vingt bailliages. Les membres du petit conseil ont seuls droit d'aspirer à ces préfectures, dont le terme n'est point fixé. Le pays est fertile en toutes sortes de productions. Il donne beaucoup de vins & d'une bonne qualité. Les récoltes des divers bleds ne suffisent pas pour nourrir tous les habitans ; on en tire le supplément de la Suabe. D'ailleurs le pays est pourvu de belles prairies & de bons pâturages.

L'objet le plus intéressant de tout ce district est la fameuse cataracte du Rhin, à une petite lieue au-dessous de *Schaffouse*, ce fleuve, dans toute sa largeur, se précipite d'un roc d'environ quatre-vingt pieds d'élévation ; immédiatement au-dessous de sa chûte, le Rhin devient de nouveau navigable.

SCHANFICK, un des hochgerichts, dans la ligue des dix jurisdictions aux Grisons, en Suisse. Il est fertile quoiqu'assez sauvage. Les habitans sont réformés & parlent l'allemand. Ce pays étoit un fief de l'évêché de Coire, il fut vendu, en 1479, à Sigismond duc d'Autriche. Les habitans se rachetèrent, en 1652, des droits de cette maison, & en 1657 de ceux de l'évêché. Le petit village de *Schanfick* est remarquable par sa situation extraordinaire : il est sur un roc fort élevé ; d'autres rocs lui servent de toit, de façon que le soleil, ni la pluie, n'y percent jamais, & que ce village semble être exposé d'un moment à l'autre à une destruction totale. Les hommes se nicheroient-ils en de pareils endroits, si la liberté, la sûreté des possessions, & l'exemption des taxes arbitraires ne les y engageoient ?

SCHENKENBERG & WILDENSTEIN,

bailliage du canton de Berne en Suisse, composé de deux seigneuries.

Celle de *Schenkenberg* a eu un grand nombre de différens maîtres, les nobles du même nom, la maison d'Autriche, les familles de Schœnau, de Fridingen, d'Arburg, de Baldeck, &c. Berne acquit des droits sur cette seigneurie en 1447, mais l'argent avancé fut remboursé. En 1460 les Bernois la conquirent sur Marquard de Baldegg. Jean son fils renonça, en 1499, à tous les droits en faveur de ce canton. Les baillifs résidoient à *Schenkenberg* jusqu'en 1720.

Celle de *Wildenstein* a pareillement eu plusieurs seigneurs, les derniers étoient les Effinger de Wildegg. Le canton acquit cette seigneurie en 1720, & depuis lors le baillif réside dans le château de *Wildenstein*.

Le bailliage, pris en gros, est aride & peu fertile, ce qui vient de la quantité de mines de fer qu'on y trouve, & dont toute la terre est pleine. Cette espece de fer est excellente, on la nomme *bohnerzt*, mine de fer en grains. On y cultive quelques graines, & du vin, lequel dans de certains quartiers est de bonne qualité, sur-tout à Thalheim. Le village de Bœzen ne parvint au canton qu'en 1514 par achat, Dentschbüren & Urgis en 1502. Les paysans sont généralement assez pauvres, & c'est une des contrées les moins favorisées de la nature dans tout le canton.

SCHIERS, un des hochgerichts, dans la ligue des dix jurisdictions aux Grisons en Suisse, composé depuis 1680, des jurisdictions de *Schiers* & de Scewis. Il a eu le même sort que celui de Castels.

La jurisdiction de Scewis est la seule remarquable, elle a huit lieues de longueur sur quatre de largeur : elle est riche en grains, en fruits & en pâturages. Les habitans sont protestans. C'est ici que se trouvent les bains de Ganey, qui ont été très-renommés dans un tems.

SCHINZNACH, vis-à-vis du village de ce nom, dans le bailliage de Kœnigsfelden, du canton de Berne en Suisse, se trouvent les eaux minérales de *Schinznach*, qui sont très-fameuses par toute la Suisse & même dans les pays étrangers. La salubrité des eaux & la beauté de la situation, de même que les promenades & d'autres agrémens, concourent en faveur de ces bains. On prétend qu'anciennement la source de ces eaux avoit été au milieu de la montagne de Habsbourg & qu'alors elle étoit naturellement bouillante. Ces eaux étoient connues depuis long-tems, on retrouva en 1658 la vraie source, elle se perdit en 1670, & on ne la retrouva qu'en 1692 au milieu de l'Aar. Maintenant elle en est séparée par des digues. Depuis ce tems-là on s'en sert avec le plus grand succès, surtout dans des cas de rhumatisme, de blessures, ou d'ulceres invéterés. La chaleur naturelle de ces eaux est de 28 degrés de Réaumur au-dessus du terme de glace. Il y a un acide volatil, un autre plus fixe, du sel lixivieux, du sel commun, du sel de Glauber, de la terre, du fer & du soufre. Mr.

le docteur Müller en a donné la meilleure description dans une *Diss. de thermis Schinznacensibus*, publiée à Bâle, en 1763.

SCHLEITHEIM, bailliage du canton de Schaffousen en Suisse. Le canton acquit une partie par échange en 1530, & une autre appartenoit déjà depuis 1438 à l'hôpital de cette ville qui la lui vendit en 1554. On y remarque le Randen, qui est une chaîne de montagnes, sur lesquelles on trouve beaucoup de pierres figurées, & sur-tout des échinites.

SCHLIENGEN, bailliage de l'évêché de Bâle, il est séparé du reste des terres de cet évêché. Il est vraisemblable que l'évêché l'a obtenu en dédommagement du droit d'avoyerie qu'il avoit sur l'abbaye de S. Blaise, à laquelle Ortlieb, évêque de Bâle, renonça en 1141. Le baillif réside à *Schliengen*. Le pays est très-fertile en grains, en vins, en pâturages, en fruits & en jardinages. A Istein il y avoit un monastere de religieuses de l'ordre de S. François actuellement changé en prieuré. La ville de Bâle y établit le prieur, en vertu du droit de protection qu'elle y a.

SCHWANDEN, une des portions (Tagwen) dans lesquelles le canton de Glaris est partagé. C'est la place d'assemblée de la partie protestante du canton, & une des premieres qui ait embrassé la réformation. Il n'y a d'ailleurs rien qui mérite beaucoup d'attention.

SCHWARZENBURG, bailliage commun

entre les cantons de Berne & de Fribourg en Suisse. Il est très-fertile en pâturages, & on y fait un grand commerce de volailles. Il a eu le bonheur de relever immédiatement de l'Empire depuis des tems fort reculés. Le traité conclu en 1330, entre la ville de Berne & ce pays le prouve. Il fut cependant donné en fief à la maison de Savoie. Amé VIII. le vendit au canton de Berne en 1424, qui reçut celui de Fribourg dans la co-régence. En 1448 il fut cédé aux Bernois seuls en vertu d'un traité de paix entre ces deux cantons ; mais en 1455 celui de Fribourg rentra de nouveau dans la co-régence. De-là les prérogatives que possedent les Bernois dans ce bailliage, le droit d'appel en causes civiles, le criminel, les affaires consistoriales, &c. Celui-ci donne aussi seul la place de secrétaire baillival ; il a la collature des pastorats ; les officiers des deux Etats ne portent que la livrée de Berne. Les baillifs se succèdent à tour des deux cantons de cinq en cinq ans, avec les mêmes restrictions que nous avons détaillées à l'article ECHALLENS ; ils résidoient ci-devant au château de Grasbourg, maintenant dans celui de *Schwarzenburg*. Les habitans sont tous de la religion réformée. Déja au XIII siecle il y avoit beaucoup de gens qui rejettoient une partie des dogmes des catholiques. On croit que c'étoient des Henriciens. On les extermina par le feu & le fer.

SCHWITZ, canton de la ligue Suisse. Au centre à peu-près de la Suisse est situé un lac, formé par la Reuss, qui entre par son extrémité méridionale, & sort par l'extrémité opposée. Autour de ce lac, resserré par des montagnes très-élevées, qui lui donnent un contour fort irrégulier, sont placés trois petits pays ou cantons, voisins des hautes Alpes, & communément appellés les *Waldstætt*, ou cantons foretiers, d'où le lac a pris le nom de *Waldstætter-see*. Le pays de *Schwitz* est situé à l'orient, celui d'Uri au midi, & celui d'Underwalden au couchant. Les habitans de ces trois pays, dès long-tems étroitement unis ensemble, ayant toujours éprouvé le même sort, nous croyons devoir rapporter ici les faits qui les regardent tous trois également, en réservant pour les articles séparés des deux derniers, ce qui les regarde en particulier.

Soit que la situation de ces peuples les ait préservés d'une grande partie des troubles qui ont agité l'Europe pendant des siècles, & des abus du régime féodal, soit que la même politique, qui engagea les chefs de l'Empire à favoriser les progrès des communes, leur ait valu des immunités particulieres, ils ont joui de très-ancienne date de la prérogative de relever immédiatement de l'Empire; ils exerçoient par des magistrats de leur choix la justice civile & la police, & la haute jurisdiction seule étoit administrée par un grand juge criminel ou baillif, au nom de l'empereur. Quelques monasteres possédoient dans ces pays des censes & des hommes-liges; quelques francs tenanciers y tenoient des fiefs; mais on n'y trouvoit aucun baron ou feigneur haut-jufticier.

Souvent même, dans des tems d'interregne ou de troubles, la commiffion de grand-juge criminel reſtoit fufpendue, ou ceux qui en étoient revêtus, abſens ou diſtraits par d'autres intérêts, en abandonnoient l'exercice aux juges ordinaires. Ainfi ces peuples, jugés fouvent par leurs pairs, d'après leurs us & coutumes, jouiſſoient, à la faveur de leur obſcurité, d'un fort tranquille, & s'habituoient de bonne-heure à une indépendance protégée par leurs maîtres même.

A l'exemple des villes impériales, ils ſe liguerent enſemble, pour la conſervation de la paix publique dans des tems de trouble, ou pour s'appuyer de leurs fecours réciproque contre des adverſaires dangereux. C'eſt ainſi qu'en 1115 les pays d'Uri & d'Underwalden s'engagerent à fécourir ceux de *Schwitz*, contre les ennemis, que les religieux d'Einſiedeln menaçoient de leur fuſciter. En 1291 les trois pays s'unirent par un traité à-peu-près femblable à celui qui depuis fervit de modele à la confédération helvétique. *v.* CORPS HELVETIQUE.

Par leur union & leur vigilance, ces peuples prévinrent de bonne-heure le danger d'une domination particuliere, qui cherchoit à s'établir fous le titre d'une autorité légitime. Vers le commencement du XIII fiecle, un comte Rodolphe de Habsbourg ſe trouvant revêtu de la commiffion de juge impérial, fa commiffion fut révoquée à la requifition des peuples. L'empereur qui demandoit des secours d'armes aux trois pays, pour une expédition en Italie, leur donna en 1240 un acte formel, par lequel il les reconnoissoit peuples libres, sous la protection directe de l'Empire, & les libéroit de toute autre obligation de service.

Cet autre comte Rodolphe de Habsbourg, qui parvint à la dignité suprême de l'Empire, fut avant son élévation, l'ami & le défenseur des villes & des peuples libres de l'Helvétie. Après l'alliance conclue entre les trois Waldstætt & la ville de Zuric, pendant l'interregne, ils choisirent Rodolphe pour chef de leur union défensive. Il continua de leur donner des marques de bienveillance après son élection, & confirma leurs immunités & prérogatives. Cependant ce prince s'occupoit déjà de la grandeur de ses fils, qu'il avoit investis du duché d'Autriche; il sollicitoit, il persuadoit la noblesse, de reconnoitre la suzeraineté de sa maison, des riches monasteres de se mettre sous sa garde-noble, des petits peuples à lui prêter hommage; il acqueroit en détail, des jurisdictions, des droits, des censes & des rentes, dans toute l'étendue de l'Helvétie septentrionale.

Albert son fils, plus altier & plus avide, après s'être saisi de la couronne impériale à la pointe de son épée, poursuivit avec impatience le projet d'agrandir sa famille. Piqué du refus naïf que faisoient nos peuples, d'obéir à sa maison, il éluda la confirmation de leurs priviléges, & leur donna pour juges des hommes choisis pour lasser leur fermeté, ou pour les pousser à un degré de résistance, qui, sous le nom de *revolte*, fourniroit un pretexte pour les opprimer. Il n'est pas étonnant, que l'orgueil indiscret de ces officiers ait révolté des peuples simples, mais flattés de la prérogative précieuse d'être membres libres du corps Germanique, & attentifs à tout ce qui les menaçoit d'être assujettis à des maîtres particuliers. Gyssler, un des baillifs, résidant à Kussnach, dans le pays de *Schwitz*, se fit un ennemi dans la personne d'un des particuliers les plus considérés, nommé *Werner de Stauffach*, en lui reprochant durement d'avoir bâti une maison trop belle pour un villageois. Quand Stauffach vit ses autres compatriotes, également foulés par l'injustice arbitraire de ces despotes subalternes, il forma de concert avec Walter Furst d'Uri, & Arnold de Melchthal d'Underwalden, le généreux projet de briser leur joug commun; ils associerent secretement d'autres amis au serment par lequel ils s'étoient liés. Sur ces entrefaites, le fameux Tell immola le baillif Gyssler à sa juste vengeance. Cet incident, cependant, ne déconcerta point le plan des conjurés. Le premier jour de l'an 1308 ils se saisirent, sans coup férir, des tyrans & de leurs satellites, & les bannirent, après les avoir astreints par serment à ne rentrer jamais sur le territoire des trois pays.

L'empereur se proposoit de faire tomber sur ces peuples tout le poids de son orgueil offensé, lorsque Jean de Suabe son propre neveu, impatient d'être dépouillé de son patrimoine, avec l'aide de quelques gentilshommes de la suite d'Albert, l'assassina près de Windisch. Pendant que deux concurrens se disputoient la couronne vacante, les trois pays eurent le tems de prévoir l'orage & de se préparer à la défense. D'abord les ducs d'Autriche, fils de l'empereur Albert, s'occuperent à venger sa mort sur un grand nombre de nobles, ou complices ou d'une fidélité suspecte. Une querelle ancienne entre ceux de *Schwitz* & les religieux d'Einsiedeln, fournit un nouveau prétexte à leur ressentiment contre les trois pays.

Ce monastere avoit été fondé vers le commencement du X siecle, dans une espece de désert, habité auparavant par quelques hermites. Bientôt la vénération pour une image prétendue miraculeuse de la Sainte-Vierge, procura des donations & des offrandes. En étendant leurs défrichemens, les religieux firent naître une contestation sur des limites mal déterminées; le peuple de *Schwitz* s'opposa aux prétentions des abbés, & à l'exécution des diverses sentences obtenues en faveur du monastere, soit des empereurs, soit d'autres juges ou arbitres; il s'assura même de l'appui des peuples d'Uri & d'Underwalden, par un traité défensif en 1115. Ce différend restoit indécis, lorsque les ducs d'Autriche, devenus les protecteurs du monastere par le titre de garde-noble, interdirent aux trois pays tout commerce avec les

terres

terres voisines, devenues sujettes de leur maison. Irrités par cet acte d'hostilité, ceux de *Schwritz* pillerent le couvent, & emmenerent captifs les religieux qu'ils soupçonnoient être les promoteurs de cette défense. Aussi-tôt Fréderic d'Autriche, qui disputoit la couronne impériale à Louis de Baviere, arma le duc Léopold son frere, des foudres du ban, & l'autorisa de punir les trois pays d'une violence qu'il traitoit de sacrilege.

Léopold assembla une noblesse nombreuse; avec cette cavalerie choisie, & qui ne prévoyoit aucune résistance, il s'engagea imprudemment dans un passage étroit, entre un petit lac, appellé *Egeri-see*, & une montagne rapide, dans un lieu nommé *Morgarten*. Quatorze cents hommes, sans armes défensives, attendoient à l'issue du passage ces chevaliers nombreux & bien cuirassés. Environ cinquante hommes, expatriés pour dettes, ou divers petits délits, n'ayant pu se faire recevoir dans le bataillon des alliés, se posterent sur une hauteur qui commandoit le chemin; de-là, avec des blocs de bois & de rochers, qu'ils précipiterent sur la cavalerie ennemie, ils y causerent un si grand désordre, que les alliés, qui les chargerent de front, n'eurent presque que la peine de les assommer à coups d'hallebardes & de massues. La victoire ne couta que la perte de quatorze hommes, & environ quinze cents cavaliers Autrichiens resterent sur le champ de bataille.

Un succès si heureux donna à nos peuples

de la confiance dans leurs forces. Les trois pays se lierent par une union perpétuelle pour leur défense, en réservant l'autorité de l'empereur & les droits d'un chacun, les seuls ennemis publics de la patrie exceptés. Louis de Baviere, concurrent de Fréderic d'Autriche pour la couronne impériale, approuva cette union; il prit les pays sous sa protection particuliere, confirma leurs libertés, & déclara les biens des ducs d'Autriche dévolus à l'Empire. L'union perpétuelle des trois pays, par le fait & par l'exemple, fut l'origine de la ligue des Suisses, & servit de base à tous les traités postérieurs de l'association helvétique. En moins de quarante ans, cinq autres cantons accéderent à ce traité, & cette premiere confédération de huit cantons a subsisté pendant cent quarante ans. Pour tous les faits communs à tous les alliés, nous renvoyons le lecteur à l'article CORPS HELVETIQUE.

L'empereur Louis donna en 1323 aux trois pays un gouverneur ou juge impérial, dans la personne de Jean comte d'Arberg & de Vallengin; mais il fixa les limites de son autorité, de maniere à mettre leur liberté entierement à couvert. Sa commission avoit d'ailleurs principalement pour objet, d'être le chef de la ligue contre le parti Autrichien. Depuis cette époque, les trois pays ont été gouvernés uniquement par des magistrats & juges de leur choix; & leur entiere indépendance, ainsi que celle de tous les Etats du corps helvétique, a été reconnue en 1648 par les principaux souverains de l'Europe.

Dans le canton de *Schwitz*, ainsi que dans les deux autres, la forme du gouvernement est entierement démocratique; c'est-à-dire que le pouvoir suprême réside dans l'assemblée générale du peuple appellée *Landsgemeind*, ou communauté de tout le pays. Cependant les habitans ne sont pas aujourd'hui dans toute l'étendue du canton d'une condition égale. L'ancien pays de *Schwitz*, suivant ses limites à l'époque de la premiere confédération, est divisé en six quartiers. Chaque famille est invariablement attachée au même quartier, dans quel autre lieu du pays qu'elle soit établie; cette division a beaucoup de ressemblance avec la distribution en tribus reçue dans les villes impériales, avec la différence que le droit de citoyen, ou colon, dans les quartiers susmentionnés, est héréditaire & fixe, au lieu que dans les villes, le choix d'une autre profession peut transporter le fils sur une tribu différente de celle du pere.

Tout homme né avec le droit de membre ou colon d'un de ces quartiers, a dès l'âge de seize ans, le droit de suffrage dans l'assemblée générale du peuple, convoquée annuellement pour le dernier dimanche du mois d'Avril. On s'y rend sans autres armes que l'épée au côté. Dans cette assemblée se fait l'élection des principaux magistrats; on y traite aussi des objets les plus importans pour les intérêts de la patrie & du peuple.

Les chefs de l'Etat font le *landammann*, le lieutenant, *ftatthalter*, le banneret, *pannerherr*, & ceux qui font revêtus des principales charges militaires. C'eſt le peuple qui diſpoſe de ces emplois. Communement le landammann eſt confirmé pour une feconde année; il peut, de même que le ſtatthalter, deſſervir en même tems une des charges de l'Etat major dans la milice.

La police générale, la juſtice criminelle, l'œconomie publique, &c. font exercées par le conſeil permanent, ou landrath, compoſé de ſoixante membres, dix de chaque quartiers; outre les chefs regnans, & ceux qui viennent de ſortir de charge. Une fois l'an on aſſemble le double landrath, pour lequel chaque conſeiller en appelle encore un de ſon quartier, à ſon choix; ce conſeil juge ſommairement de toutes les cauſes fiſcales. Deux fois dans l'année le conſeil eſt triplé, en ſuivant la même méthode; c'eſt pour donner les inſtructions aux députés nommés pour la diette des cantons, pour entendre leur rélation, ou pour traiter d'affaires qui n'ont pu être décidées dans l'aſſemblée générale.

Après ces conſeils viennent quelques autres tribunaux établis pour les affaires journalieres, ſoit civiles, ſoit de police. Comme il a déjà été parlé, dans les articles APPENZELL & GLARIS, des formes du gouvernement démocratique dans les petits cantons Suiſſes, pour éviter à nos lecteurs des répétitions ſuperflues, nous nous bornerons dans celui-ci & dans les ſuivans, à indiquer les variétés seulement les plus remarquables.

Outre le pays qui formoit originairement le canton de *Schwitz*, ce peuple a acquis la justice supérieure, sur Kussnacht, dont l'empereur Sigismond lui inféoda la haute jurisdiction en 1415, sur quelques villages & hameaux près du lac de Zuric, qui furent cédés à ceux de *Schwitz*, par le prononcé des cantons fait en 1446, après une guerre très-vive contre la ville de Zuric, dans laquelle ceux de *Schwitz* furent les principaux acteurs; sur la Marche, petit district situé près du bord méridional du lac de Zuric, dont une partie a été conquise sur la maison d'Autriche en 1405, l'autre cédée par le comte de Toggenbourg en 1427; enfin sur le bourg d'Einsiedeln & le territoire circonvoisin. Ces petits districts, sujets du canton, jouissent cependant de certains priviléges, & d'une justice inférieure; mais l'appel va au conseil de *Schwitz*, & les habitans n'ont ni part aux emplois de la république, ni droit de suffrages dans les assemblées générales.

L'abbaye d'Einsiedeln, ou de notre-dame-des Hermites, est très-riche. Son trésor & ses revenus proviennent des offrandes des pélerins qui s'y rendent encore annuellement par milliers, de la Suisse catholique, de l'Alsace & de la Suabe, attirés par l'appas des indulgences, & conduits par la foi aux miracles attribués à la sainte Vierge, en faveur de ceux qui invoquent son image miraculeuse, placée dans une petite chapelle, supposées transportées l'une & l'autre dans ce désert par le ministere des anges, &c. Long-tems les limites du territoire de l'abbaye & celles de la police & jurisdiction ont donné matiere à de vives animosités entre les religieux & le peuple de *Schwitz*. Aujourd'hui ce canton possede l'avocatie ou garde-noble sur le monastere, & il exerce la haute jurisdiction sur le district. *voyez* EINSIEDELN & HERMITES.

Ce canton posséde d'ailleurs en commun avec celui de Glaris, les bailliages de Galter & Ouznach; avec Uri & Underwalden, les bailliages de Bélinzone, Val Bregno & Riviera; & il participe à la co-régence des bailliages communs aux anciens cantons, de même qu'aux traités & alliances du corps helvétique avec les puissances étrangeres *v.* CORPS HELVETIQUE.

En général, ce petit pays est très-montueux; ses confins vers l'orient se terminent dans des glaciers ou de hautes Alpes; la partie occidentale & septentrionale offre des districts d'une fertilité plus variée. Le produit des pâturages est la ressource la plus considérable des habitans, & à-peu-près le seul objet d'exportation; la qualité en est si parfaite, que le bétail est de la plus grande taille, & que la race en est recherchée des voisins.

La population totale n'est estimée que de 21000 ames. Sur ce nombre, le tiers à-peu-près font sujets; de plus il peut y avoir au de-là de mille habitans étrangers. Le nombre des mâles, qui ont droit d'assister à l'assemblée générale, peut aller à quatre mille. Toute la milice est partagée en quatre régimens.

Il n'y a pas une seule ville dans tout ce canton. Le chef-lieu est le bourg de *Schwitz*, agréablement situé, au pied des montagnes, & au fond d'une plaine riante, qui par une pente douce s'étend à une lieue jusqu'au bord du lac. C'est dans ce bourg que résident les conseils. L'assemblée générale se tient à Ibach, à une demi-lieue de *Schwitz*, dans une prairie ornée d'arbres.

La religion catholique est seule tolerée dans le pays ; le peuple paroit attaché aux opinions de ses ancêtres, comme si la liberté même en dépendoit. Cet attachement l'a même entraîné à traiter avec une sévérité excessive des habitans qui avoient marqué quelque penchant pour les opinions des réformateurs. Un exemple de ce genre fut une des causes de la guerre entre les cantons en 1656.

Dès les premiers tems de la ligue des Suisses, le peuple de *Schwitz* s'est distingué par la promptitude de ses résolutions, & par son ardeur pour les soutenir par les armes. L'expérience de cette intrépidité altiere & quelquefois précipitée, accoutuma leurs ennemis, & à l'exemple de ceux-ci, les nations voisines, à étendre la dénomination de Suisses, sur tous les membres de la ligue.

SEEDORF, une des Genossame dans lesquelles le canton d'Uri est partagé. Nous en faisons mention ici à cause des monasteres qui s'y trouvent; le plus célébre est celui des religieuses fondé en 1107, par Arnold de Brientz & donné à l'ordre de S. Benoit. Hedwig de Rezüns, belle fille de l'empereur Henri V. y prit le voile & lui légua tous ses biens. Balduin IV. roi de Jerusalem lui fit aussi de grandes donnations à son passage en 1184, il engagea les religieuses d'embrasser l'ordre de S. Lazare. Il fonda en même tems un couvent de religieux du même ordre & un hôpital. Henri VI. à son interposition leur accorda de grands priviléges. En 1559, l'ordre de S. Benoit fut rétabli dans ces monasteres, les couvens ont été réunis & mis sous l'inspection immédiate du nonce. Le canton a le droit d'avoyerie.

Aettinghausen est renommié par les nobles de ce nom si célébres en Suisse & si chéris. Ils sont éteints depuis plusieurs siecles. Le couvent de religieuses capucines fondé ici en 1608 a été transporté à Altorf en 1677 à la suite d'un incendie.

SEMPACH, petite & ancienne ville de Suisse, dans le canton de Lucerne, renommée par la bataille que les Suisses y livrerent, en 1386, à Léopold duc d'Autriche, lequel y perdit la vie, de même que l'élite de toutes ses troupes & un grand nombre de noblesse, & dans laquelle Arnold de Winkelried s'acquit une gloire immortelle en se sacrifiant pour la cause de sa patrie. On la célébre encore de nos jours au 9. Juillet. Les comtes de Lentzbourg, de Kibourg, de Habsbourg & les ducs d'Autriche furent successivement les maîtres de cette ville. En 1333, elle conclut une alliance avec Zuric, Berne, Bâle, Soleure & S. Gall, & en 1386, elle établit un droit de combourgeoisie avec Lucerne. Depuis la bataille la ville resta au canton, ce qui fut confirmé dans les traités de paix de 1394 & 1412. Elle jouit de beaux privilèges, elle a son propre magistrat, une jurisdiction fort étendue & beaucoup de droits.

Tout près de là est le lac de *Sempach* ou de Sursée, qui a deux lieues de long sur une demi-lieue de largeur. Il est très-riche en poissons bien délicats dont on fait un commerce assez considérable. Il appartient sans exception au canton auquel il fut cédé, en 1394, par la maison d'Autriche. Le canton envoye de six en six ans un des membres du conseil souverain pour exercer la jurisdiction sur ce lac, & avoir soin des revenus qui en reviennent au canton. Il demeure à *Sempach*, mais il n'a aucune autorité sur cette ville.

SIDERS, en françois *Sierre*, un des dizains du Valais, le deuxieme en rang; il est situé des deux côtés du Rhône, pays fertile en pâturages & en bon vin. Il y a aussi de la houille & des mines de cuivre & d'argent. Dans le bourg de *Siders* on parle allemand, le reste du dizain parle le patois. En 1417, il conclut de concert avec le dizain de Sion, un droit de bourgeoisie avec les cantons de Lucerne, Uri & Underwalden. Le chef de ce dizain s'appelle *grand-châtelain*, & se change de deux en deux ans. A Gerunda il y avoit un couvent de chartreux, ensuite de carmelites, fondé en 1330, par Aymo de la Tour, évêque de Sion ; il est changé depuis 1750, en un séminaire pour la jeunesse destinée à l'état ecclésiastique. La ville de Sion a la jurisdiction sur Gradetich.

Le val d'Einfisch appartient à l'évêque de Sion qui y établit un grand-chatelain, un vicaire & un vice-chatelain. La vallée a 7 lieues de long & elle est assez fertile.

SIMMENTHAL, vallon de douze à treize lieues de longueur, sur un quart de lieue de largeur, situé dans le canton de Berne en Suisse. Il est resserré des deux côtés par une chaîne de montagnes, la plupart fertiles. Cette chaîne commence à Wimmis & s'étend jusqu'aux frontieres du Valais. Il est arrosé de la Simmen. Les habitans n'ont presque d'autres occupations que de soigner le bétail. Ils en entretiennent un très-grand nombre, & ils font une quantité de beurre & d'excellens fromages, qui sont autant d'objets d'exportation considérables. Ils ne cultivent pas assez de grain pour leur entretien, ils se nourrissent en grande partie de laitage & de pommes de terre. Ils ont aussi beaucoup de fruits, d'excellens poissons, & du gibier en abondance, des chamois, des daims, des faisans, des gelinotes, &c. Ils sont généralement bien faits, cultivant les sciences & les arts, d'un commerce fort agréable, avec une éloquence naturelle ; ils sont très-éclairés sur leurs loix & leurs priviléges, bienfaifans, & capables de belles actions. Dans leurs chaumieres on trouve communément les livres les plus nouveaux & les mieux choifis, même quelquefois des bibliotheques affez confidérables. Ils favent tous très-bien écrire & calculer.

Cette heureufe contrée eft partagée en deux chatellenies. C'eft ainfi qu'on y nomme les bailliages, & le baillif a le nom de chatelain.

Le *Nider Simmenthal*, ou la partie inférieure appartenoit ci-devant aux barons de Weiffenburg, & enfuite aux maifons de Brandès & Scharnachthal; la premiere vendit fes droits en 1439, au canton de Berne, & la feconde en 1449. Wimmis en eft le chef-lieu & la réfidence du baillif. C'étoit une petite ville, ruinée par les Bernois en 1286, & en 1303. Le château eft très-élevé & bien agréablement fitué. A Reutigen & à Erlenbach il y a de grands marchés de chevaux; on compte que l'exportation en va à dix mille pieces par an, ce qui fait un objet de deux millions & au de-là.

Cette contrée eft très-curieufe auffi pour les amateurs d'hiftoire naturelle. Deux grandes montagnes très-bien cultivées & voifines l'une de l'autre attirent leur attention, c'eft le Stockhorn & le Niefen décrits par Rhellicanus, Aretius & Rebmann. La premiere eft terminée par un rocher droit & prefque rond, qui a au-delà de deux mille pieds de hauteur. Sur la pointe de ce rocher il y a un morceau de rocher gris qui n'a aucune liaifon avec le rocher même. Le Niefen eft pour ainsi dire taillé en piramide, il est plus haut que le Stockhorn & cependant plus fertile. A Diemtigen il y a des sources impregnées d'une matiere savonneuse. Mais ce qui est le plus remarquable dans ces contrées, ce sont les bains de Weissenburg, situés dans un antre affreux & cependant très-fréquentés à cause de leur salubrité. Les sources de ces eaux sont tout près des frontieres du canton de Fribourg. Les eaux sont claires, nettes, l'odeur un peu vitriolique & grasse au goût. Leur chaleur naturelle est de 14 degrés de Fahrenheit. Leurs vertus sont balsamiques, vulneraires & dissolvantes. Dans les environs on trouve du petrol, de l'asphalte, du soufre, du vitriol & du *lac lunæ*.

La partie haute ou l'*Ober Simmenthal* se nomme aussi la *chatellenie de Zweysimmen*, chef-lieu de cette partie; mais le bailli réside au château de Blanckenburg. Cette chatellenie est plus étendue & plus peuplée que l'autre. Elle fut vendue au canton de Berne en 1391. A Zweysimmen, on a établi une maison dans laquelle on donne une très-bonne éducation aux pauvres orphelins, & où on entretient aussi charitablement des vieillards hors d'état de gagner leur vie. Il y a de très-belles glacieres du côté de la Lengg, sur-tout celles du Raetzlisberg, montagne couverte de glaces d'un côté, & de l'autre côté très-fertile & exposée aux plus grandes chaleurs; & d'autres curiosités naturelles. *Voyez* Langhans, *description du haut Simmenthal*: Bertrand, *usage des montagnes*.

SION, *évêché de*, l'un des plus anciens de la Suisse. L'évêque a été originairement à Octodurum. On trouve déjà, en 381, qu'un évêque d'Octodurum, a souscrit au concile d'Aquilée, & au concile de Milan, en 390. Au concile de Macon, tenu en 585, l'évêque prend déjà le nom de *episcopus a Sedunis*. Le diocese n'est pas fort étendu, il se borne actuellement au Valais, & ne s'étendoit pas beaucoup plus loin avant la réformation. Il comprenoit alors le gouvernement d'Aigle. L'évêque a le titre de *comes & præfectus Valesiæ*. Dans les cérémonies publiques on porte l'épée devant lui. Il établit aussi un sénéchal ou porte-épée. Quoique les Valaisans ayent restreint ses droits, il en a cependant encore de très-considérables. Dans les causes civiles, on appelle indifféremment à lui ou au *landshauptmann*. Il fait les notaires. Dans quelques districts il hérite ceux qui n'ont point de parent à un degré fixé. Il assiste au landrath. Il a le droit de faire grace & celui de battre monnoie; celui-ci cependant sous de certaines restrictions. Au bas-Valais il possede des seigneuries considérables. Lorsque le siege devient vacant, les chanoines proposent quatre de leur corps pour la place d'évêque, & sept députés des dixains choisissent un des quatre. Le landshauptmann & les autres députés ont le droit d'approuver cette élection ou de la rejetter. L'évêque a le titre de *prince du S. Empire*, mais il n'assiste pas à la diette & ne contribue rien aux charges de l'Empire. Le chapitre est composé de 24 membres, & il a aussi une part aux affaires publiques du Valais. L'évêché releve immédiatement du saint siege, ayant été exempté de l'archévêché de Tarentaise, en 1513, par Léon X.

Sion, un des dizains du Valais, & un des plus considérables, puisqu'il renferme l'évêché de ce nom & le chef-lieu de toute la république. Il a dix lieues de longueur. Le chef du dixain se nomme *grand-chatelain*, il est changé de deux en deux ans, mais on ne le prend que de la ville.

Sion est une ville médiocre, mais agréablement située, bien bâtie, & avec des environs fertiles. Elle est la capitale du Valais. Il y a trois châteaux appartenans à l'évêque, Majoria, Valeria & Tourbillon. Ce dernier est le plus élevé, celui de Majoria est au pied de la montagne. Les députés des sept dizains s'y assemblent. Au bas de ces châteaux est la ville. Elle est ancienne; on y trouve des inscriptions qui le prouvent, & dans lesquelles elle est nommée *civitas Sedunorum*. Dans la ville il y a beaucoup de monasteres & d'églises, & un college de jésuites fondé en 1734. La maison de ville est très-belle. Elle a été souvent ruinée. Dans le XV siecle la ville obtint du concile de Bâle la grande châtellenie, & en 1560, le Vidomnat: elle acquit aussi les seigneuries de Bremis, Chalens & Gradetsch. Elle a un conseil de 24 personnes, à la tête duquel se trouve un bourguemaître. Le grand-châtelain juge les causes civiles, le vidomne les causes civiles & criminelles qui s'élevent pendant la nuit dans les mois de Mai & d'Octobe. On parle généralement allemand dans cette ville, & du françois corrompu.

Il y a dans ses environs plusieurs productions de la nature assez curieuses, différentes especes de pierres & de terres, entr'autres du marbre bleu approchant du lazur, & dont on tire une couleur bleue qui approche de l'ultra-marin, du marbre noir à veines blanches, du beau albâtre & de la houille. Il y a dans la paroisse de Bremis un ermitage fort curieux. L'église & tout un monastere avec sa cuisine, sa cave, son réfectoire, ses cellules, tout est taillé dans le roc. Ce travail s'est fait dans le XVI siecle. A Vœx dans le Val-d'Eringen, on trouve des mines de cuivre & des sources salées, dont on ne fait aucun usage.

SISSGEU, province de Suisse qui portoit le nom de comté & même de landgraviat. Elle comprend les bailliages de Liestal, Farnsburg, Waldenburg, Homburg & Munchenstein dans le canton de Bâle, & une partie de celui de Dornegg dans le canton de Soleure. Henri III empereur, la donna en 1041, à l'évêché de Bâle; elle fut donnée successivement en fief aux comtes de Habsbourg, de Frobourg, de Thierstein, & aux nobles de Falkenstein. Otto de Thierstein hypothéqua ses droits au canton de Bâle en 1416. Thomas & Jean de Falkenstein vendirent les leurs au même canton en 1461, qui acheta aussi en 1482 & 1510 les droits des comtes de Thierstein. Les droits de l'évêché de Bâle furent abolis par un traité conclu en 1585. Ceux du canton de Soleure furent pareillement fixés par des traités entre les deux cantons.

SOLEURE, en allemand *Solothurn*, en latin *Solodurum*, ville & canton de la ligue des Suisses. On donne à cette ville, très-ancienne, une origine un peu fabuleuse, parce que la date en est inconnue. Son antiquité fait présumer, qu'elle fut une des douze villes de l'Helvétie, brûlées par les habitans, du tems de Jules-César; *v.* HELVETIE. Des inscriptions & d'autres monumens prouvent, que ce lieu fut de nouveau habité & fréquenté sous les Romains; d'ailleurs, sa situation agréable ne permet pas de douter qu'il ait par préférence, fixé dans tous les tems le choix des colons. Détruite de nouveau pendant les invasions des Allemands, des Huns & d'autres barbares; cette ville dut, si-non son rétablissement, du moins son accroissement à la fondation d'une abbaye faite vers l'an 930, par la célebre Berthe, reine de Bourgogne, & dédiée à la mémoire de S. Urse, un des nombreux martyrs de la légion thébéenne.

Sous les empereurs allemands, les citoyens de *Soleure* obtinrent le privilége d'élire un conseil pour l'administration de la communauté & l'exercice de la police municipale. L'avoyer présidoit à la justice criminelle au nom de l'empereur; cependant, dès le regne de Fréderic II la bourgeoisie élisoit les avoyers parmi la noblesse attachée à la cité;

enfin

enfin les comtes de Buchegg, auxquels l'empereur Henri VII avoit inféudé ce droit du glaive, en firent cession à la ville. Ainsi par la sagesse de ses magistrats, *Soleure* étendit ses prérogatives, acquit un territoire, & obtint divers droits, que possédoit autrefois le chapitre de S. Urse, & qui en avoient été démembrés; tels que le droit de battre monnoie, celui des péages, d'autres droits de jurisdiction & de police dans la ville.

Peu après la fondation de Berne, les deux villes se lièrent par des traités de combourgeoisie : cette amitié n'a jamais été altérée ; elles avoient les mêmes ennemis à craindre ; les ducs d'Autriche, les comtes de Kibourg, les vassaux attachés à ces maisons, &c.

En 1318, trois ans après sa défaite près de Morgarten, *v.* SCHWITZ, Léopold, duc d'Autriche, forma l'attaque de la ville de *Soleure*. La riviere de l'Aar, qui la baigne, grossie par des pluies abondantes, entraîna le pont, que le duc avoit eu l'imprudence de charger de soldats; les assiégés en sauverent un grand nombre, & Léopold touché de cette générosité, se retira incontinent avec le reste de l'armée.

En 1331, les troupes du comte de Berthoud, de la maison de Kibourg, tuerent beaucoup de bourgeois dans une embuscade. Ces mêmes comtes projetterent en 1382, de surprendre la ville, par la trahison d'un chanoine; mais le complot fut découvert un moment avant l'exécution.

Dès cette époque, la ville de *Soleure* fut

Tom. II.   I

mêlée dans toutes les guerres des cantons confédérés. Elle s'allia en 1393, avec les cinq cantons, Zuric, Berne, Lucerne, Zug & Glaris. Par l'achapt de diverses terres du voisinage, elle étendit son territoire. Enfin en 1481, en même tems que la ville de Fribourg, elle fut reçue dans la ligue des cantons.

A l'époque de la réformation, la doctrine de Zwingle fut annoncée à *Soleure* par Haller, le réformateur de Berne, & reçue par un assez grand nombre de citoyens. Cependant la ville a conservé la profession de foi romaine ; mais ce ne fut qu'après un moment de crise violente. Les deux partis ont vécu quelque tems en paix, quand les cantons catholiques, après la victoire remportée sur les cantons protestans en 1531, sommerent la ville de *Soleure*, de leur payer une forte contribution pour les frais de la guerre, en punition des secours fournis aux Bernois. Cette prétention excita une sédition ; les deux partis prirent les armes. Nicolas de Wenguen, avoyer, prévint le carnage, en se plaçant devant la bouche d'un canon pointé contre les bourgeois réformés. Ceux-ci plus foibles se retirerent de la ville : ils furent en partie remplacés par des émigrans catholiques des villes où la réforme étoit adoptée.

Le gouvernement du canton de *Soleure* est aristocratique, vû que les citoyens seuls de la capitale, peuvent entrer dans les conseils de régence & dans les charges publiques ; il tient de la démocratie civile, en ce que le corps de la bourgeoisie a part aux élections, & confirme les conseillers. Le grand conseil est composé de cent & un membres. Dans ce nombre est aussi compris le sénat ou petit conseil, composé de deux avoyers, d'un ancien & de deux jeunes conseillers, *Altrath & Jungraht* de chacune des onze tribus ou abbayes; en tout trente-cinq personnes. Les soixante & six membres restans du grand conseil sont de même pris à portion égale sur chaque tribu. Les familles nobles ne sont point ici attachées à une tribu particuliere.

L'élection des deux avoyers & du banneret, se fait chaque année le jour de la S. Jean, par la bourgeoisie assemblée dans l'église des franciscains; & en cas de vacance par mort, dans une assemblée convoquée à l'extraordinaire. Communement les avoyers conservent leur charge à vie, en alternant dans les fonctions de président des conseils d'une année à l'autre; cependant l'élection se renouvelle chaque année. Dans la même solemnité, les onze anciens conseillers, après avoir été grabelés par les vingt-deux jeunes conseillers, sont présentés à la bourgeoisie, pour être confirmés par son suffrage. Il en est de même du tribun (*Gemeinmann*) que les jeunes conseillers choisissent dans leur propre corps annuellement; c'est le surveillant des loix constitutionales & des priviléges du bourgeois; il est encore chargé de l'inspection sur les vivres, les marchés, les poids & mesures, &c. Tous les magistrats dont l'élection ou la confirmation dépend du corps de la bourgeoisie, sont assermentés publiquement. Chaque vacance parmi les anciens conseillers est remplacée par un des nouveaux conseillers, celui-ci par un membre du grand conseil; dans toutes ces élections successives on s'attache à une même tribu. La charge du trésorier, lequel avec le banneret, est préposé à l'œconomie des revenus publics, est la seule qui se donne dans le grand conseil; tous les autres emplois sont à la disposition du petit conseil : par une loi nouvelle de 1764 l'usage du scrutin a été adopté.

Le sénat ou petit conseil est juge civil & criminel en dernier ressort. D'ailleurs les différens départemens de l'administration publique, les ressorts de justice ou de police subalternes, les commissions dans lesquelles se préparent les délibérations, étant distribuées de la même maniere à-peu-près, que dans les autres gouvernemens aristocratiques, nous ne nous arrêterons pas à de plus grands détails.

Tout le canton de *Soleure*, renfermé entre le canton de Berne, le canton & l'évêché de Bâle, est distribué en onze bailliages, dont quatre sont gouvernés par des membres du petit conseil, les sept autres par des membres du grand conseil, qui doivent résider dans les châteaux sur les lieux. Ces préfectures se donnent pour six ans. La seule ville du canton, après la capitale, est la petite ville d'Olten sur l'Aar.

Les environs de *Soleure* & le pays qui

borde la riviere de l'Aar, offrent un sol fertile en grains & en fruits de toute espèce; de même que les alentours de Dornach, au-dessus de Bâle. Tout le reste à-peu-près du canton, forme un pays montueux, situé dans le Jura; les pâturages & les forêts en font la principale richesse. Quelques fabriques d'assez nouvelle date, promettent des succès. La population de tout ce canton est estimée à quarante-cinq mille ames. La milice consiste dans un régiment de dragons & six régimens d'infanterie.

L'Etat de *Soleure* est associé à la co-régence des quatre bailliages Suisses, sur les confins du Milanés; il participe aussi avec les huit anciens cantons & celui de Fribourg, à la jurisdiction criminelle dans la Tourgovie. Dans l'ordre des treize cantons, *Soleure* est l'onzieme.

C'est à *Soleure* que réside l'ambassadeur de France auprès du corps helvétique.

SONCEBOZ, mairie considérable de l'évêché de Bâle, dans la vallée de S. Imier. Elle mérite l'attention des curieux par la singularité de sa situation, & par les productions de la nature. A fontaine Beaufond se trouvent les bornes des dioceses de Besançon, Bâle & Lausanne, d'où vient qu'une grande partie des villages a deux noms très différens l'un de l'autre, comme Pery, *Büderich*; Freinvillier, *Fridischwarten*; Wauffelin, *Fuglistal*; Plagne, *Plentsch*, &c.

SONDRIO, chef-lieu du *tersero di mezzo*, ou de la partie du milieu de la Valteline. Le bourg est grand, agréablement situé, bien bâti; il est la résidence du landshaubtmann & du vicaire que les Grisons établissent sur toute la Valteline. Il y a aussi un college de chanoines & plusieurs couvents.

Le Malenscerthal nourrit des habitans robustes & forts. Ils s'occupent du bétail, & du commerce dans les pays étrangers. Il y a un lac poissonneux; on y trouve aussi du fer, de l'ardoise, &c. Ponte est le plus beau bourg de la Valteline, & un des plus grands. Il y a un college de chanoines, & un autre de jésuites.

Le meilleur vin & le plus durable de la Valteline, se trouve dans la commune de Castion.

Tous ces endroits sont du ressort du *tersero di mezzo*, outre plusieurs autres moins remarquables.

SPIETZ, petite ville de Suisse, dans le canton de Berne, sur le bord du lac de Thoun, & le chef-lieu d'une baronnie de même nom, qui est une des plus belles terres seigneuriales de la Suisse, appartenante à la maison d'Erlach. Cette ville est fort jolie; elle a un château & de beaux jardins. On voit dans l'église quelques tombeaux des seigneurs à qui elle appartient.

STÆFEN, bailliage du canton de Zuric, gouverné à tour par deux conseillers non tenus à résidence. Guillaume & Hermann les Gessler, seigneurs de Gruningen, le vendirent au canton en 1408, qui en fit un bailliage depuis 1450. L'église, les dixmes, &c. furent déja légués en 940 au monastere de notre-dame des Hermites, par Hermann duc de Suabe, & Regulinde son épouse. Le chef-lieu forme une des plus grandes paroisses du canton, vu qu'il y a près de quatre mille ames. On y trouve de tems en tems des médailles romaines. A Oetiken il y a un grand magazin de bled. On remarque aussi le Wannenbad, eau soufrée & dont les voisins se servent beaucoup.

STANZ, ci-devant chef-lieu de tout le canton d'Underwalden, maintenant seulement de la partie de dessous la forêt. Le bourg est grand, agréablement situé & rempli de maisons bien bâties & d'édifices publics qui méritent d'être vus, entr'autres l'église paroissiale, la maison de ville &c. Toute la contrée est remarquable pour un amateur de l'histoire Suisse.

Il y a aussi un couvent de capucins fondé en 1581 par le colonel Melchior Lussi, un autre de religieuses de la 3. regle de l'ordre de S. François, fondé en 1621.

STECKBOREN, ou STECKBUREN, ou STECKBORU, petite ville de Suisse dans le Thourgaw, au bord du lac de Constance, à deux lieues au-dessus de l'endroit où ce lac se dégorge dans le Rhin.

STEIN, cette ville est sous la protection & sous la souveraineté limitée du canton de Zuric, située sur les bords du Rhin. c'est pourquoi on lui donne le nom de *Stein sur le Rhin*, pour la distinguer d'autres endroits du même nom. Elle est assez grande, agréablement située, bien bâtie, & garnie d'un arsenal bien pourvu. Tout près de là est un château fort, nommé *Hohenklingen*; on y entretient une garde pour donner des signaux dans les cas prescrits. A l'endroit nommé *auf Burg*, on trouve des ruines d'un fort que les Romains y avoient établi. Peut être étoit-ce Ganodurum. Burcard II. duc d'Allemannie environna cette ville de fossés & de murs en 966. Elle accrut beaucoup par la translation du couvent des bénédictins qui se fit dans le XI. siecle de Hohentwiel à *Stein*. Les barons d'Altenklingen acquirent en 1267 cette ville. En 1359 la moitié du château & de la ville, & l'avoyerie sur le couvent, furent vendus aux ducs d'Autriche, elle rentra cependant quelque tems après dans la famille des barons, & passa en 1433 dans la maison de Klingenberg. En 1457, la ville de *Stein* se racheta tout-à-fait, & acquit le château & toutes les droitures de cette maison, péages, haute & basse jurisdiction, &c. Ce rachat fut confirmé par l'empereur Fréderic III. & par Albert VI duc d'Autriche. En 1459, cette ville conclut une alliance avec Zuric & Schaffouse. Se sentant trop foible pour se soutenir seule dans son état de liberté, elle se mit en 1484 sous la protection du canton de Zuric, en réservant tous ses droits & priviléges. En 1525 elle embrassa la réforme. Elle acquit en 1575 la seigneurie de Wagenhausen, la vendit en 1593, & l'acheta de nouveau en 1596. Elle possede aussi le village de Hemishofen & la seigneurie de Ramsen.

Son gouvernement qu'elle établit elle même, consiste en deux bourguemaîtres, un petit & un grand conseil, outre plusieurs autres tribunaux & emplois. Le chef de la justice nommé *avoyer*, a été établi ci-devant par l'abbé à *Stein*, & l'est maintenant par le canton de Zuric, mais choisi d'entre les bourgeois de *Stein*. Les priviléges de cette ville sont très-considérables, elle a le droit de glaive, elle juge sans appel, à moins qu'un étranger ne soit intéressé dans la cause litigieuse, &c. Elle donne son nom à un des chapitres du clergé de Zuric.

STEIN, l'abbaye de S. Georges à *Stein*, de l'ordre de S. Benoit, doit avoir été fondée par l'empereur Henri II. qui outre des donnations considérables doit lui avoir donné le droit de choisir son avoyer, & celui de battre monnoie. On n'a cependant point de preuves qu'elle ait exercé ce dernier droit. Elle fut transportée de Hohentwiel à *Stein* en 1005. Le droit d'avoyerie passa entre les mains des barons de Hohenklingen, & en 1498 dans celles du canton de Zuric, qui avoit déjà accordé en 1465, le droit de bourgeoisie à cette abbaye. En 1525, elle fut sécularisée. Il y eut beaucoup de difficultés à ce sujet. Enfin le canton y établit un baillif pour régir les revenus dont la plus grande partie est destinée à l'entretien des pasteurs, des maîtres d'école, & pour les pauvres. Une autre partie des revenus a été cédée à l'abbaye de Petershausen. Le baillif est changé de neuf en neuf ans. Il n'a aucun droit sur la ville que celui de vendre seul du vin, trois fois par an, chaque fois pendant quinze jours.

STEINEGG, bailliage du canton de Zuric, dans la Turgovie, en Suisse, formé des seigneuries de *Steinegg* & Stammheim. Le baillif réside à *Steinegg*, sa préfecture est de 12 ans. Le canton acquit *Steinegg* en 1581, & Stammheim en 1464 par droit d'achat. Cette derniere seigneurie est la plus considérable par sa population, son produit & ses droitures. Le canton de Zuric y est presque souverain, & il n'y a que les affaires criminelles qui soient du ressort des dix cantons régnans. L'église de Stammheim est très-ancienne. Charles le Gros céda vers 884 le droit de collature à l'abbé de S. Gall.

STEINHAUSEN, bailliage appartenant à la ville de Zug en Suisse. Ce district a très-souvent changé de maitre. La ville l'acquit en partie par achat, en partie par droit de conquête. Il y eut plusieurs traités conclus au sujet de cet endroit, entr'autres celui qui regle les droits des cantons de Zuric & de Zug.

STEKBOREN, ville peuplée & marchande, situé sur les bords du lac de Constance, soumise à l'évêque de Constance comme abbé de Reichenau. La ville a plusieurs priviléges & droitures, & une magistrature à elle ; mais le baillif de l'évêque préside à ses assemblées. La justice & ce qui en dépend, est administrée par le même baillif nommé *stadtammann*. Elle donne son nom à un des chapitres du clergé de Zuric.

SUISSE, *la*; les géographes modernes désignent par ce nom, tout le pays situé entre les confins de l'Allemagne, de la France & de l'Italie, occupé non-seulement par les Suisses ou les treize cantons de la ligue, mais par divers autres petits Etats alliés ou sujets de ces premiers. Dans ce sens, on peut estimer la plus grande étendue de la *Suisse*, de l'orient à l'occident, environ de quarante-cinq lieues géographiques, & de trente-quatre lieues du nord au midi. Ce pays, situé entre le quarante-cinquieme & le quarante-huitieme degré de *latitude*, & le vingt-quatrieme & vingt-huitieme de *longitude*, peut être regardé, dans sa plus grande partie, comme la contrée la plus élevée de l'Europe, puisque les fleuves qui ont leurs sources dans les Alpes de la *Suisse*, coulent dans des directions contraires, jusques aux extrémités opposées de l'Europe.

Au premier coup-d'œil jetté sur la carte de la *Suisse*, on y distinguera trois parties, bien différentes par leur site & par la nature du pays que chacune renferme. La partie orientale & méridionale est située dans les hautes Alpes; elle occupe environ les deux tiers de la *Suisse*, & n'offre qu'un pays montueux, coupé par des vallons, dont la largeur, la profondeur & la direction varient à l'infini. Les montagnes, qui, par des contours irréguliers, séparent ces vallons, présentent une vaste chaine de cimes, tantôt arrondies, tantôt couronnées de pointes d'une forme bisarre; en s'élevant par degrés, elles vont enfin s'appuier contre des masses étonnantes de rochers, éternellement chargés de neiges, & qui embrassent des glaciers immenses. Dans toute cette contrée, la partie la plus basse seulement des vallons, est susceptible de quelque culture; les terrains élevés, les flancs les moins rapides & les hauteurs des monts, donnent des pâturages; le reste est couvert de forêts, souvent d'un accès très-difficile, jusques à ce point d'élévation, où la stérilité des rocs & le voisinage des glaces permanentes, exclut toute production propre à la nourriture des hommes & des animaux, & à la fin celle même des plus petits végétaux.

La partie occidentale de la *Suisse* occupe un grand district du Jura; autre chaîne de montagnes, séparée des Alpes & moins élevée, qui s'étend sur la frontière de la France, depuis les rives du Rhône au-dessous de Geneve, jusqu'à celles du Rhin au-dessus de Bâle. Cette partie représente une succession alternative de vallées & de hautes joux; les dernieres ne conservent ordinairement la neige dans les points les plus élevés, que jusques vers le commencement de Juin. Par ses productions, cette contrée ressemble beaucoup à la partie moyenne & inférieure des Alpes.

Entre ces deux chaînes des Alpes & du Jura, s'étend depuis les bords du lac de Geneve jusqu'au Rhône & au lac de Constance, dans la direction du sud-ouest au nord-est, un pays ouvert & fertile, entrecoupé seulement de montagnes basses, de collines & de côteaux, baigné par des lacs, arrosé par plusieurs rivieres, dont quelques-unes sont navigables, orné de prairies, de champs & de vignobles.

On se fera une idée de la position des Alpes Suisses & de la liaison entre leurs différentes branches, en suivant sur la carte le cours des principaux fleuves qui en découlent. On verra les sources du Rhône, de l'Aar, de la Reuss, du Rhin, du l'Adda, du Tessin & de tant d'autres rivieres ou torrens qui se jettent dans ces fleuves, se former dans un petit circuit de pays, & partir de-là comme d'un foyer commun. Il est naturel de présumer que dans l'intérieur de ce cercle, doivent se trouver les masses les plus élevées des Alpes.

Le S. Gothard & les monts qui l'avoisinent, forment le centre de ce foyer ; c'est à peu-près là que se réunissent aujourd'hui les confins du Valais, du pays des Grisons & des cantons de Berne & d'Uri. Des glaciers de la Fourche, au midi du S. Gothard, naît le Rhône ; il traverse le Valais dans toute sa longueur de l'est à l'ouest, & se jette dans le lac de Geneve. Le vallon qu'il parcourt est embrassé par deux grandes chaînes de hautes Alpes : celle qui le borde au midi, sépare la *Suisse* de la Savoye & joint les glaciers du Faucigny ; c'est dans cette lisiere que se trouvent le mont Simplon & le grand S. Bernard, qui offrent deux passages fréquentés pour l'Italie. La chaîne septentrionale sépare le Valais du canton de Berne.

C'est dans les glaciers renfermés dans cette chaîne, que l'Aar prend sa source. Cette rivière dirige ensuite son cours au nord-ouest, pour joindre les lacs de Brienz & de Thoun.

Au nord du S. Gothard est la source de la Reuss, qui coule dans la direction du midi au nord, au travers de toute la vallée d'Uri, & se précipite dans le lac des quatre Waldstætt ou quatre cantons forêtiers.

A quelque distance au nord-est sort la Lint, qui se jette dans le lac de Zuric, après avoir arrosé le canton de Glaris.

A l'est du S. Gothard se trouvent les diverses sources du Rhin ; après avoir réuni leurs eaux dans le pays des Grisons, elles les versent dans le lac de Constance, en dirigeant leur cours au nord.

Enfin, au midi de la même montagne, le Tessin, une des principales branches du Pô, prend son origine, & tombe dans le lac de Locarno.

On trouve encore dans la *Suisse* septentrionale deux autres masses ou foyers des Alpes. De l'une, située dans le pays des Grisons, l'Inn, l'Adda, la Maira & l'Albula, tirent leurs sources de ces petites rivieres ; la première tire au nord & se jette dans le Danube ; les deux suivantes coulent au sud-ouest dans le lac de Côme, & la derniere tend à l'ouest & forme une des principales sources du Rhin. L'autre masse, placée sur les frontieres du canton d'Appenzell & du comté de Toggenbourg, forme une vaste montagne isolée, dont les pointes les plus élevées conservent toujours la neige & quelques glaces. Deux torrens, la Thour & la Sittel, en sortent, & se réunissent pour tomber enfin dans le Rhin, au-dessous de Schaffouse.

Tel est en gros le site des hautes Alpes de la *Suisse*. Elles occupent une étendue d'environ soixante dix lieues, depuis la frontiere de la Savoye, jusqu'à celles du Tyrol; de sorte qu'avec les montagnes plus basses, qui en terminent les contours, elles couvrent plus des deux tiers de ce pays. Diverses chaines les unissent avec les Alpes de la haute Allemagne & de l'Italie supérieure, qui prolongent leurs rameaux jusques vers les bords septentrionaux du golfe Adriatique d'un côté, & à la mer Méditerranée de l'autre. Entre ces deux extrémités, l'ensemble des Alpes forme un seul & vaste amphithéâtre, qui, s'élevant par degrés depuis les plaines voisines, se termine enfin dans

.... *ces monts sourcilleux,*
Qui pressent les enfers & qui fendent les cieux !

Plus ces monts s'élevent, & plus leur hauteur surpasse proportionellement la largeur de leurs bases. Les pointes les plus apparentes, appellées, *cornes*, (*born*) dans la *Suisse* allemande; *dents* ou *aiguilles*, dans la *Suisse* françoise ou romande; *pezi* par les Lombards, semblent s'élancer dans la région pure de l'éther; celles qui se trouvent placées sur les bords d'une grande chaîne, par leur élévation prodigieuse, par leur blancheur éblouissante, ou par les teintes de pourpre & de rose qu'elles réfléchissent dans un tems clair, au lever & au coucher du soleil, se font appercevoir d'aussi loin, que la vue la plus longue peut porter; elles se présentent comme les plus anciens monumens de la terre, échappées aux terribles révolutions de ce globe.

C'est au pied de ces monts blancs, revêtus & entourés de neige & de vive glace, que les principaux fleuves du pays prennent leurs sources, ou dans des petits lacs qui ne dégèlent qu'à l'approche de la canicule, ou sous de vastes glaciers. Tantôt cette neige éternelle est convertie en glace, par l'effet alternatif du gel & du dégel, se trouve accumulée sur la pente & dans les flancs des plus hautes Alpes ; tantôt elle comble les vallons qui les séparent, mêlée avec les débris des rochers. Les couches de glace ont souvent une épaisseur & une étendue surprenante. Le glacier le plus profond que l'on connoisse en *Suisse*, est celui du mont Avicula, au-dessus d'une des principales sources du Rhin ; il forme une montagne isolée de glace solide, entre différentes pointes plus élevées ; on estime sa plus grande hauteur perpendiculaire à passé cent toises. La vallée de glace la plus étendue, se trouve le long de la frontiere entre le canton de Berne & le Valais ; sa longueur, avec quelques interruptions, est d'environ trente lieues.

lieues. On connoit les noms de passé trois cents de ces hautes cimes couvertes de neige; les divers petits glaciers sont inombrables.

Quoiqu'il ne soit pas douteux que ces amas de glaces ont été formés & augmentés dans une longue succession de siecles, & que des documens certains prouvent qu'ils ont fait des progrès dans des tems peu éloignés du nôtre ; il n'est pas moins sûr que la nature a tracé une ligne, au-dessous de laquelle, sans des circonstances particulieres, la neige & la glace se fond tous les étés ; cette ligne est dans nos Alpes, environ à 1500 toises au-dessus de la mer.

Souvent, loin au-dessous de ce point d'élévation, on ne trouve encore aucune trace de végétation; souvent le roc, dépouillé de terre par les fontes & les éboulemens, ne présente sur les bords des vallons que des précipices effrayans & des écueils inaccessibles. Ainsi le tableau si majestueux, à la premiere vue, de ces grandes pyramides glacées, de ces abimes profonds, parsemés de pointes brillantes parmi les débris des rochers bouleversés, n'offre bientôt à l'œil accoutumé que le triste aspect d'un vaste désert, où il n'apperçoit d'êtres vivans que quelques chamois effarouchés, ou des vautours qui planent au-dessus de cette horrible solitude, & mêlent leurs cris aigus au bruit sourd des torrens & des évalanches, souvent si fatales aux habitans des vallées. C'est surtout vers la fin du jour, quand le dernier crépuscule teint les glaciers d'une pâlure mourante & qu'une nuit plus épaisse qu'ailleurs, semble couvrir l'horison resserré, ou dans des tems pluvieux, quand les nuages, pressés entre ces barrieres glacées, descendent jusques sur les forêts sombres des vallons; c'est alors qu'il faut être habitué à ce tableau, pour ne pas en recevoir des impressions noires. Comme les vapeurs de l'atmosphere se rassemblent facilement autour des sommités des Alpes, elles sont le plus souvent enveloppées d'épais nuages; il y tombe une quantité prodigieuse de neige pendant la moitié de l'année: souvent en été, la grêle se mêle aux pluies abondantes dans ce climat; & dans les chaleurs, on voit presque tous les soirs les éclairs & la foudre donner le spectacle du choc terrible entre les élémens les plus opposés.

Tel est en général l'état de la region supérieure des Alpes. La région moyenne présente d'abord à-peu-près les mêmes phénomenes & les mêmes accidens; un long hiver, un printems tardif, des éboulemens de neige effrayans, en été des tonnerres dont les vallons repétent les éclats. On y voit encore des rochers de cent toises & plus d'élévation perpendiculaire, des torrens qui frappent avec bruit les écueils qu'ils couvrent de leur écume, des traces d'anciens bouleversemens des montagnes, &c. Mais ici les sommités commencent à offrir à l'œil des buissons & des forêts; par-tout où la pente est un peu adoucie ou exposée au soleil, les monts font revêtus de gazon & couverts d'herbages précieux, qui fourniſſent à de nombreux troupeaux un pâturage excellent. Ces baſſes Alpes, dont il ſeroit trop long de détailler les divers rameaux, s'étendent ſur environ la moitié de la *Suiſſe*.

Les arbres conifères tiennent ici la premiere place ſur les hautes joux. Le meleſe, *larix*, eſt devenu aſſez rare; l'arve, *pinaſter* ou *pinus cembra* de Linné, plus rare encore. Le pin ne réuſſit que dans des lieux plus bas; mais les diverſes eſpeces de ſapins ſont le bois le plus abondant, depuis les ſommets les plus élevés juſqu'au pied des Alpes. Parmi les arbres à feuilles, l'érable eſt celui qui craint le moins le grand froid; le chêne, le hêtre, l'ormeau & le tilleul ſe ſuccedent dans les lieux plus abrités. C'eſt ſur les ſommités voiſines des glaciers que le botaniſte trouve les herbes rares, ces ſimples précieux pour l'uſage de la médecine.

Dans ces cantons, moitié ſauvages, moitié cultivés, le peintre de la nature la ſurprendra, pour ainſi dire, dans ſon attelier, entourée des reſtes du cahos, au milieu d'une création ébauchée & de formes majeſtueuſes, qui annoncent une main toute-puiſſante. Il ne trouvera pas ailleurs ces grands effets des ombres & de la lumiere; ces deſſeins hardis & ſublimes, auxquels l'imagination ſeule ne ſauroit atteindre: ici des rochers inacceſſibles & d'une hauteur effrayante, entrecoupés d'écueils bizarres ou de grottes obſcures, paroiſſent toucher la voûte des cieux; leurs

K 2

cimes en surplombant au-dessus d'un profond abîme, menacent de le couvrir de leurs ruines; couronnées de touffes épaisses d'arbres courbés par la vétusté, elles jettent au loin leurs ombres prolongées, & répandent une fraicheur inaltérable. Là, des torrens s'élancent du sein des nues, se dispersent dans l'air, ou forment dans leur chûte des cascades variées; le soleil les fait briller des feux du diamant ou des couleurs de l'arc-en-ciel; leurs ondes rassemblées dans les gouffres qu'elles ont creusés, s'en échappent avec une nouvelle force, & blanchissent de leur écume les marbres épars qui s'opposent à leurs cours. Ces beautés terribles sont contrastées par la vue riante des montagnes & des côteaux tapissés de diverses nuances de verdure; la surface tranquille d'un beau lac répete leur image, & réfléchit par un beau jour l'azur du ciel le plus pur; au milieu d'un sombre désert, un vallon occupé par une nombreuse colonie, présente le tableau d'une retraite paisible & de l'union si rare parmi les hommes: des glaciers dont la base est hérissée de pointes brillantes, les flancs éblouissans de neige, & les sommets élevés au-dessus des nuées, terminent le lointain par leurs formes majestueuses.

Sans doute, les fortes impressions données aux fibres encore tendres par tous ces grands objets, & fortifiées par l'habitude d'une vie uniforme & solitaire, sont une des principales causes de cet ennui qu'éprouvent les montagnards dans un séjour différent, & qui dégénere si souvent en langueur mortelle.

Nous avons déjà fait la remarque, qu'à mesure que les monts s'abaissent, en s'éloignant du centre des Alpes, leurs bases s'élargissent comparativement à leur hauteur perpendiculaire. Ces montagnes basses, dont la pente moins rapide offre un terrain propre à la culture, & les vallons qu'elles embrassent par divers contours, forment la région inférieure des Alpes. C'est la seule partie habitée. Les bergers ne séjournent avec leurs troupeaux dans les pâturages élevés que pendant quatre ou cinq mois de l'été; l'exploitation des bois ne peut se faire, dans les joux supérieures, que pendant l'hyver, quand une neige abondante a comblé les sinuosités du terrain & les profondeurs des rochers; alors les plantes sont trainées au bord des précipices; & là, abandonnées à leur poids, elles glissent avec la rapidité d'un trait dans des ravins revêtus de glace, souvent d'une hauteur prodigieuse, jusqu'au fond des vallons. Toutes les productions de la région moyenne des Alpes, se bornent à ces deux objets; d'ailleurs, la rigueur du climat & les circonstances locales, n'y permettent pas des habitations fixes.

Les montagnes basses, qui environnent de tout côté, dans une grande étendue de pays, la base des hautes Alpes, & terminent, dans leurs diverses directions, les vastes racines de ce tronc immense, sont formée ou par des rochers moins élevés & recouverts en partie d'une terre plus ou moins profonde, ou par des éboulemens arrivés pendant la longue révolution des siecles, dans les grandes chaines des Alpes. Il est aisé d'appercevoir encore en beaucoup d'endroits, les bréches qu'ont laissées ces grandes chûtes de terres, & souvent au fond des vallons, on a découvert une grande profondeur, des restes d'antiques forêts, couvertes par de pareils éboulemens. L'histoire moderne de la *Suisse* nous fournit des dates de plusieurs accidens semblables, & en petit les exemples se renouvellent tous les jours. Quelquefois des vallons en sont en partie comblés, & les eaux, dont le cours est arrêté, couvrent d'une marre profonde des lieux habités ou cultivés; ailleurs la terre écroulée s'étend au pied d'un mont en forme de glacis, jusques dans la vallée ou dans la plaine. C'est ainsi qu'en 1584 dans le gouvernement d'Aigle, aujourd'hui du canton de Berne, une montagne entr'ouverte par un tremblement de terre, couvrit de ses ruines les villages de Corbieres & Ivorne. En 1618 une portion du mont Conto, situé dans le comté de Chiavenna, dépendant de la république des Grisons, après de longues pluies, se précipita, au milieu de la nuit, sur le bourg de Pleurs, un des lieux les plus riches de la contrée, l'ensevelit avec ses habitans, au nombre d'environ deux mille cinq cents personnes, & ne laissa sur la place qu'un lac entouré de débris des rochers. Un petit vallon dans le Valais éprouva un accident semblable en 1714. Chaque année la chûte des rochers, minés par le tems, des inondations causées par une fonte subite des neiges ou par des orages, des explosions souterraines ou des secousses de la terre, qui, même dans cette contrée élevée, ne sont point rares, produisent quelque changement, ou dans la forme extérieure de quelque montagne, ou dans la disposition locale des vallées.

Qu'elle qu'ait été l'origine des montagnes & collines de cette partie de la *Suisse*, leurs sommités sont communément couvertes de forêts, ce qui donne à ce pays, au premier coup d'œil, une apparence assez sauvage, pour faire douter de sa population réelle. Les côtes les mieux exposées au soleil, présentent, souvent dans une assez grande élévation, des habitations entourées de clotures & de quelques champs labourés: & ce n'est pas un des moindres sujets de surprise pour des étrangers nés dans des pays ouverts, que de voir la charrue tracer des sillons, dans un sol dur, sur un penchant où les bêtes d'attelage ont peine à assurer leurs pas. Au pied de ces montagnes s'étendent, sur une pente plus douce, des prairies rafraichies par des sources d'eau permanentes.

Des vallées situées entre les diverses chaines des Alpes, quelques unes s'étendent depuis le pied des glaciers même, jusques dans la plaine; ce sont comme les grandes veines, par lesquelles se déchargent les eaux des plus hautes Alpes. D'autres vallons, divisés en divers rameaux, amenent dans les premiers les torrens ou ruisseaux, dont la réunion forme les grandes rivieres. Tous ces vallons, dans leurs sinuosités, suivent les contours des chaînes des rocs qui les resserrent, communément les vallées s'élargissent en s'abaissant; cette règle cependant, n'est ni générale, ni uniforme. Il arrive assez souvent, que des chaînes de montagnes opposées, en se rapprochant & s'éloignant alternativement, forment tantôt des gorges étroites, au travers desquelles à peine les torrens trouvent un passage; tantôt des plaines agréables, couvertes d'habitations & de prairies. Cette succession de tableaux variés, ce contraste perpétuel de lieux sauvages & déserts avec des fonds peuplés & cultivés, rendent les voyages dans cette partie des Alpes singulierement intéressans. Ces vallons paroissent d'autant plus riches, que la population d'un district de montagnes, souvent très-étendu, y est concentrée par le besoin de se rapprocher des secours réciproques & par le peu d'étendue des terres susceptibles de culture.

La température de l'air & les productions varient beaucoup d'une vallée à l'autre, suivant les différens degrés de leur élévation, leur exposition diverse au sud ou au nord, &c. suivant les variétés du sol, la largeur plus ou moins grande d'un vallon, & la hauteur ou la pente des montagnes qui l'entourent. Il se trouve dans les Alpes quelques vallées habitées, mais si froides & si resserrées, qu'à peine un peu d'orge & quelques fruits d'arbres de mauvaise qualité, y parviennent à la maturité, & que pendant plusieurs semaines, avant & après le solstice d'hyver, les rayons du soleil n'y peuvent pénétrer. Il en est d'autres, où les récoltes sont aussi hatives que dans la plaine, où le raisin, la figue, la péche, les fruits les plus fins réussissent, où le grenadier en espalier soutient les hyvers. Des climats aussi opposés se trouvent souvent à la distance de quelques lieues l'un de l'autre. M. de Haller observe, que sur la cime d'une montagne, on trouve des plantes qui croissent en Laponie, & qu'au pied du même mont, il s'en offre qui sont indigenes du cap de Bonne-Espérance.

Toutes les eaux des montagnes s'écoulant incessamment par les vallons, on peut regarder ceux-ci, dans leur état actuel, comme étant en grande partie l'ouvrage des torrens qui s'y jettent; les eaux les creusent par-tout où la pente est rapide, elles les comblent dans les places où le courant est rallenti. Très-fréquemment ces torrens, après s'être élevé un lit de graviers amoncelés, s'échappent dans le tems des grandes eaux, & couvrent de pierres les prairies. Les inondations subites, irrésistibles, sont le plus grand fleau de ces pays montueux; souvent un village entier en devient la victime, des maisons sont enterrées ou détruites, & dans un jour, des terres, fertilisées par un labeur opiniâtre de plusieurs siecles, sont ensevelies sous une couche de pierres, de sables & de limon.

Dans les lieux où un terrain élevé, ou un banc de rochers s'opposoit à l'écoulement des eaux, il s'est formé des lacs; on en trouve jusqu'au pied des glaciers & entre les plus hautes cîmes des Alpes; leur étendue varie dans la même proportion que celle des vallons; les lacs les plus grands sont situés dans le voisinage des plaines où d'un pays ouvert. Tous ces lacs à peu-près, se terminent à l'extrémité supérieure, où les eaux y entrent, dans des marais formés par le dépôt des rivieres; de nouveaux dépôts les augmentent, & l'industrie les fertilise successivement. Les lacs les plus élevés sont entierement glacés pendant une partie de l'année, & même, tous les lacs de la *Suisse* sont plus ou moins sujets à être pris par la glace dans les hyvers rigoureux.

Tel est le tableau topographique de la plus grande partie de la *Suisse* : une grande chaine de rocs chargés de glaces & absolument stériles, des joux couvertes de forêts, des montagnes plus basses & des vallons plus ou moins cultivés. Cette partie comprend le pays des Valaisans & des Grisons, avec les terres sujettes des Suisses & des Grisons sur les confins du Milanois, une partie des cantons de Fribourg, Berne, Lucerne, les cantons d'Underwalden, Uri, Schwitz, Glaris, Appenzell, & les terres de l'abbaye de S. Gall.

Sur les confins de la Franche-Comté sont situés les monts Jura, dont la *Suisse* occupe une partie. Leur direction, à peu-près paralelle à celle des Alpes, va du sud-ouest au nord-est, depuis le Rhône, qui les sépare des montagnes de la Savoye, jusqu'au bord du Rhin au-dessus de Bâle. Cette chaîne se termine vers le Sundgau, dans des collines qui vont toucher le pied des Vôges. Les monts du Jura diffèrent des Alpes par plusieurs circonstances. Dans celles-ci les rochers sont assez généralement d'une espece spateuse ou vitrifiable ; le grès & les cailloux s'y trouvent par-tout au pied des monts & dans les lits des torrens ; le gyps & les marbres y sont rares, ils ne se trouvent guere que dans les Alpes de la *Suisse* méridionale. En échange la base du Jura est à peu-près uniformément de pierres calcaires. Sur les sommets les plus élevés du Jura, tels que la Dole, le Suchet, le Chasseral, le Mondor, &c. On trouve des herbes vulnéraires & autres plantes alpines ; mais ces sommets n'approchent au plus que de la hauteur moyenne des Alpes, & la neige y disparoit entierement dès la fin du printems. Les joux du Jura sont moins couvertes de terre végétale que les montagnes basses des Alpes, dont le niveau est le même ; les pâturages y sont moins abondans & la recrue des forêts plus lente. On trouve par-tout dans le Jura une grande varieté, & dans quelques lieux une abondance singuliere de pétrifications, de coquillages marins. Ces documens d'une ancienne révolution violente, essuyée par notre globe, sont infiniment plus rares dans les basses Alpes; on en trouve plus dans les Alpes supérieures, qui paroissent avoir une existence antérieure à ces grandes époques de la terre. D'ailleurs, on apperçoit dans l'examen de l'intérieur des monts Jura, dans l'interruption violente des chaînes de rochers, dans le dérangement de leurs couches, tantôt brisées, tantôt verticales, souvent voûtées, suivant le contour des montagnes, mille preuves en détail d'un bouleversement général. Quoique dans les Alpes on observe aussi bien des traces d'un désordre accidentel, les effets n'en sont ni aussi singuliers, ni si manifestes.

La base des Alpes étant généralement d'un roc solide, les eaux glissent sur leur surface, les sources sont fréquentes sur toute leur pente; aucun vallon qui ne soit arrosé d'un ruisseau ou creusé par un torrent. Dans le Jura, au contraire, les lits des rocs étant brisés, les neiges fondues & les eaux de pluie, en bien des endroits, se précipitent dans des crevasses ou puits naturels, & s'engouffrent dans les cavernes & réservoirs intérieurs de la montagne. L'industrie humaine a cherché à suppléer à cet inconvénient, en plaçant les moulins au fond de ces entonnoirs, dans une assez grande profondeur sous terre, pour profiter de la chûte de l'eau; on trouve de ces rouages souterrains dans les vallées supérieures du pays de Neuchâtel. Nécessairement cette construction du sol rend les sources vives fort rares dans la partie supérieure du Jura, & force les habitans à recourir aux citernes pour abreuver les beſtiaux; reſſource même très-précaire dans des tems d'une longue ſécherefſe. Les eaux, raſſemblées au ſein des rochers, prennent leur iſſue dans les vallées inférieures & au pied des monts, où elles forment des ſources très-abondantes; on en compte un grand nombre, qui, à deux cents pas de leur origine, font aller les rouages de diverſes uſines. Le lac de Joux, dont l'étendue en longueur eſt d'environ deux lieues communes, n'a d'autre écoulement que par de pareils entonnoirs, dont les plus conſidérables ont été garnis de grilles de bois, pour prévenir les engorgemens. On attribue à ce lac, ſitué dans une vallée élevée, les ſources de l'Aubonne, de la Venoge & de l'Orbe, toutes abondantes dès leur origine.

Au reſte, cette diſpoſition particuliere des couches des rocs, dans cette partie méridionale du Jura qu'occupent l'Etat de Berne & le comté de Neuchâtel, n'eſt plus remarquée dans la partie ſeptentrionale, qui s'étend dans l'évêché de Bâle, & dans les deux cantons de Bâle & de Soleure. On y voit, au contraire, par une autre ſingularité remarquable, des montagnes fendues depuis leur ſommet, pour donner un paſſage aux rivieres ou torrens. C'eſt ainſi que la Birs, dans la prévôté de Moutier-Grand-Val, traverſe des rochers qui offrent à découvert la conſtruction intérieure des montagnes; les couches de rocs forment dans cet endroit des voûtes, élevées l'une ſur l'autre, en suivant le contour extérieur de la montagne. Nous passerions les bornes de cet article, si nous entrions dans de plus grands détails sur les montagnes de la *Suisse*. Il nous manque une description complette des objets intéressans que ce district de pays offre à ceux qui font une étude particuliere de l'histoire naturelle.

Une troisieme portion de la *Suisse* présente un pays en général assez ouvert, de petites plaines, entrecoupées par des lacs, des côteaux, des montagnes d'une pente plus ou moins douce. Les confins de cette portion du pays sont assez déterminés le long du pied du Jura; il est plus difficile de les fixer dans le voisinage des Alpes, où ils dépendent de la hauteur ou direction des collines & montagnes basses, & des sinuosités de quelques grandes vallées, par lesquelles débouchent les principales rivieres.

Cette partie de la *Suisse* en commençant par le bord septentrional du lac de Geneve, comprend toute la partie occidentale des cantons de Berne & de Fribourg; une portion du comté de Neuchâtel & du canton de Soleure; une partie du canton de Lucerne; le pays de Zug; la plus grande partie du canton de Zuric; les bailliages libres, le comté de Baden & celui de Thurgovie, tous pays gouvernés à l'indivis par plusieurs cantons; on peut y ajouter le canton de Schaffouse, situé en de-là du Rhin. C'est décidément la partie la plus riche & la plus peuplée de la *Suisse*: en particulier le pays de Vaud, situé entre le lac de Geneve & les lacs de Neuchâtel & de Morat, les bords de ces lacs & de ceux de Bienne, de Zug, de Zuric & de Constance, l'Aargau depuis Aarberg jusques vers la jonction de la Reuss & de l'Aar, la plaine qui s'étend depuis Sursée dans le canton de Lucerne, jusques vers Zug & le Freyamt, l'intérieur du pays de Zuric & la Thurgovie, toutes ces parties offrent en grand nombre des sites agréables, des tableaux variés d'une bonne culture & d'une population florissante. Dans d'autres districts, les collines ou montagnes basses offrent encore un coup-d'œil assez sauvage, par la quantité de bois noirs qui couvrent les sommets ; cependant les fonds entre ces montagnes & collines, vus de près, donnent presque toujours la surprise agréable d'un terrain riche & bien cultivé.

Une grande varieté dans la nature du sol, fait réussir dans cette étendue toutes les diverses especes de grains. Plusieurs districts de ce grand vallon sont richement arrosés par de bonnes eaux, dont on tire chaque jour un plus grand parti pour l'augmentation des fourrages. On cultive la vigne sur les côteaux les mieux exposés à l'orient & au midi, particulierement sur les bords des lacs.

Il se trouve encore quelques petits districts appartenans à la *Suisse*, qui, sans être contigus à la partie dont nous parlons actuellement, y ont rapport par la nature de leur climat & de leur production ; tels sont les environs de la ville de Bâle; les bords du Rhin au-dessus de son embouchure dans le lac de Constance; & quelques portions des pays sujets des Suisses sur les confins du Milanois, vers les bords du lac de Lugano, du lac Maggior & de celui de Como.

Cette esquisse, tracée à vue de la carte de la *Suisse*, peut donner une idée générale de la *Suisse*. La premiere observation qui se présente, & que nous avons déja touchée, porte sur la grande variété du climat, que cette élévation graduelle du terrain, depuis les vallées les plus basses jusqu'aux sommets des hautes Alpes, doit nécessairement occasionner. Sans parler des lieux que les glaces couvrent perpétuellement, il se trouve en *Suisse* des terrains propres au pâturage, que la neige ne quitte que pendant un ou deux mois; il en est d'autres, voisins des grands lacs, où rarement, pendant l'hyver même, elle tient au-delà de quinze jours. Les termes opposés de cette échelle de la température de l'air, se trouvent plus rapprochés & leur contraste plus frappant dans les lieux que les glaciers couvrent des vents du nord; mais comme relativement à la plus grande partie de la *Suisse*, cette haute chaine des Alpes est située au levant & au midi, par l'interception du vent du sud, & par la repulsion de ceux du nord & nord-est, elle prive les contrées basses de la *Suisse* de ce degré de chaleur, dont jouissent les provinces de l'Italie qui se trouvent au même point d'élévation au pied des Alpes.

Outre

Outre cette grande variété dans le climat local de divers lieux de la *Suisse*, les dérangemens dans les saisons & les variations subites du tems, y sont nécessairement plus sensibles que dans d'autres pays situés sous la même latitude. Deux circonstances y contribuent : d'abord le pays est un des plus élevé de l'Europe, ce qui doit le rendre un des plus froids ; & d'un autre côté, il confine aux pays méridionaux : de plus, la direction des Alpes du nord-est au sud-ouest, fait que la partie la plus fertile de la *Suisse* & plusieurs des principales vallées sont ouvertes à l'action des deux vents opposés qui règnent le plus souvent dans nos contrées. Les vents d'est & de nord-est, qu'en *Suisse* on appelle *bise* en passant près des glaciers, se chargent de parties nitreuses, acquièrent un nouveau degré de froid, & portent souvent le gel & les frimats jusques dans les contrées les plus basses de la *Suisse*, vers la fin du printems & dès le commencement de l'automne. Le nord-ouest, que dans la *Suisse* occidentale on nomme le *joran*, produit le même effet, tant que les neiges subsistent sur les sommets du Jura. En échange, le sud-ouest, ou le vent proprement dit, soufflant des provinces méridionales & se chargeant de l'air plus échauffé des plaines, porte sa tiedeur humide jusques dans les hautes Alpes, & y occasionne souvent des fontes de neige au milieu de l'hyver.

Suivant la succession des saisons la plus ordinaire, les neiges disparoissent entièrement dans les terres les plus basses de la *Suisse*, dès le mois de Février ; elles quittent les montagnes basses en Mars & Avril, & ainsi de suite progressivement jusques en Juillet, où tombe la plus forte fonte des glaciers, de sorte que les torrens, dont les sources sont au pied des basses Alpes & du Jura, grossissent dès le printems, au lieu que la crue des rivieres qui sortent du sein même des Alpes, & des lacs dans lesquels ces rivieres se jettent, n'arrive qu'après le solstice d'été. Cette progression du dégel empêche une inondation trop subite, & fournit constamment aux rivieres une provision d'eau suffisante pour les rendre navigables. Tant qu'on ne s'est pas fait par ses propres yeux une idée des amas prodigieux de neige & de glace que renferment les hautes Alpes, on ne peut comprendre, que la fonte lente d'une partie seulement de ces glaces, par les chaleurs de l'été, puisse non-seulement entretenir le cours de plusieurs rivieres considérables, mais les faire souvent déborder, & que, par exemple, les eaux qui découlent dans le Rhône de quelques glaciers de la *Suisse* & de la Savoie, occasionnent une hausse de dix pieds dans le lac de Geneve, dont la surface peut-être estimée de près de trente lieues quarrées ; tandis que les plus longues pluies, & la fonte de la neige dans la plaine & dans les montagnes basses, au printems, à peine produisent dans ce vaste réservoir une augmentation sensible.

Si dans les pays montueux les débordemens des rivieres font plus dangereux, parce que les torrens, lorsqu'ils s'échappent de leurs lits, couvrent de gravier les possessions, ou entraînent la terre végétale; en échange, ces inondations ne sont ni aussi étendues, ni d'une aussi longue durée, que dans les pays de plaine. En général, comme les vapeurs de l'atmosphere se rassemblent autour des sommets des montagnes, plus le terrain s'éleve & plus il reçoit des eaux du ciel; l'abondance des pluies & des rosées procure aux montagnes cette richesse de fourrages, qui fait leur revenu principal.

Nous n'osons pas entrer dans de plus grands détails, sur les singularités que présente la diversité des climats dans les différens lieux de la *Suisse*; peu de pays fournissent autant de matieres aux observations sur les météores & des phénoménes plus variés. Souvent, par exemple, le même vent, qui enfilant une vallée des Alpes, en enleve les brouillards & les vapeurs, va ensuite les déposer dans une vallée opposée; de sorte que dans l'une il procure un air doux & serein, & dans l'autre un tems froid & humide; un autre vent, soufflant dans la direction opposée, produira dans les mêmes lieux l'effet contraire; quelquefois une haute chaîne de monts fixera les limites entre le beau tems & une pluie soutenue; deux courants d'airs, déterminés par la direction diverse des vallées, presseront vers l'angle de leur contact, les nuages qu'ils chaſſent devant eux, & y produiront pendant pluſieurs jours une pluie, pour ainſi dire, locale, tandis qu'à une petite diſtance de-là, on jouit d'un ciel pur. On peut juger par là, combien il doit être difficile d'établir des règles générales, qui puiſſent ſervir en différens lieux de la *Suiſſe*, pour annoncer les variations du tems ; l'expérience a donné ſur cet objet aux montagnards une ſagacité ſinguliere, & qui leur eſt d'autant plus utile, que les orages ſont plus fréquens & d'ordinaire plus violens dans les montagnes, & que les bornes de l'horiſon y permettent moins d'en découvrir l'approche.

Tout pays, tel que la *Suiſſe*, qui renferme des montagnes très-hautes, des vallées profondes & des plaines, des expoſitions exceſſivement froides & d'autres fort tempérées, offrira toujours au naturaliſte une riche récolte en minerais, foſſiles, plantes & inſectes. On doit y trouver encore une grande variété dans les eſpeces des animaux & des oiſeaux, ou habitués dans le pays, ou paſſagers. Les animaux carnaſſiers diſparoiſſent à meſure que la population & les défrichemens s'étendent. Les ours furent dans un tems très-communs en *Suiſſe* ; tant d'armoiries dont cet animal fait le ſujet, en offrent des documens. Aujourd'hui, les ours & les loups paroiſſent rarement dans les Alpes ; on ne leur donne pas le tems de s'y multiplier, la profondeur des vallées en facilite la pourſuite. Ils ſont plus communs dans la partie méridionale du Jura, sur la frontiere de la Savoie & de la France ; sans doute parce que le paysan dans ces Etats n'étant pas armé, comme en *Suisse*, on n'y fait pas la guerre à ces animaux avec le même avantage. La liberté de la chasse, dont jouit le peuple même dans divers districts du pays, y rend encore le sauve tous les jours plus rare; on le sacrifie sans ménagement aux intérêts de la culture. Il s'en introduit quelquefois sur la frontiere de l'Allemagne, où des princes le protegent pour le plaisir exclusif d'en faire de grandes chasses. Le chamois même ne se conserve qu'à la faveur des rochers inaccessibles, qui lui servent de retraite. Presque toutes les especes d'oiseaux connues en Europe, qui habitent les montagnes, les plaines, les marais ou eaux douces, se trouvent dans la *Suisse*, les grands vautours, les aigles, le tetras, la gilinote, la perdrix rouge, &c. vivent dans les Alpes. Les lacs, les rivieres & les ruisseaux qui abondent en *Suisse*, fourniroient une pêche abondante, sans l'abus qu'on en fait souvent.

Quant aux productions naturelles du sol, qui servent directement à la nourriture & à l'aisance des habitans, il faut mettre au premier rang la richesse des fourrages & des pâturages dans les montagnes. Non-seulement le produit des troupeaux de vaches fait la nourriture d'une grande partie du peuple; mais les fromages, les bestiaux & les cuirs, font la plus grande branche de commerce & d'échange pour la *Suisse*. Elle fournit beaucoup de chevaux de traits aux nations voisines. Quoique la toilerie encore fasse un objet d'exportation très-considérable, il s'en faut beaucoup que le pays fournisse toute la matiere premiere des toiles de lin & de chanvre qui se fabriquent en *Suisse*; & les cotons qui s'y filent & sont mis en œuvre, & qui forment un objet tout au moins aussi considérable, doivent être mis uniquement sur le compte de l'industrie.

Les bleds & les vins que produit une portion de la *Suisse*, ne suffisent pas à beaucoup près aux besoins de tout le pays ; la partie qui en manque est obligée de se procurer ces denrées des pays voisins. Les forêts qui occupent encore une si grande étendue de terrain en *Suisse*, fournissent une branche d'exportation ; mais cette production, si précieuse pour la consommation intérieure par la lenteur de son accroissement & par la disproportion entre son volume & son prix, ne fait jamais une richesse d'échange bien lucratif, sur-tout pour un pays éloigné des mers.

Avec tout cela la *Suisse*, à la faveur de la longue paix, d'une indépendance flatteuse ou d'un gouvernement modéré dont jouissent ses peuples, peut, à raison de la nature de son sol, être regardée aujourd'hui comme un des pays de l'Europe les mieux cultivés. On y voit dans quelques districts des exemples frappans de l'activité opiniâtre & de l'intelligence des cultivateurs, & de l'aisance qui en est le fruit. On se plaint avec raison, dans divers lieux de la *Suisse*, du défaut de bras, pour pousser le produit du sol à un plus haut degré de perfection ; & il reste dans ce pays encore bien des terres à défricher ou à mettre en plus grande valeur. C'étoit donc un faux préjugé que cette population surabondante, attribuée autrefois à la *Suisse* ; l'empressement de cette nation pour vendre son sang aux princes voisins, accredita jadis cette opinion, que des auteurs sages ne devroient plus répéter aujourd'hui.

Nous finirons cet article, destiné à donner une idée générale du pays, par une réflexion que le sujet nous présente naturellement. Tout pays inculte ne produit originairement qu'un nombre borné d'espèces d'arbres, d'arbustes & de plantes habituées au climat ; le travail de l'homme corrige considérablement l'excès ou le vice du climat même, & le commerce entre les peuples étend prodigieusement ce premier fond de la production spontanée du sol. Un pays froid comme le nôtre, dans son premier état sauvage, ne pouvoit produire que des forêts, des arbres aquatiques, quelques arbustes, bruyeres & du pâturage pour les animaux ; toutes les espèces de bleds, presque tous les fruits des arbres & les plantes potageres, sont pour nous des dons d'un sol & d'un climat étranger : cependant de quelle variété de plantes nos campagnes ne sont-elles pas ornées aujourd'hui ? Dans des tems où l'ignorance étouffoit encore la curiofité & l'induftrie, où l'oppreffion d'un gouvernement barbare enchaînoit le commerce & le repouffoit même ; il a fallu une longue fuite de fiecles pour faire fuccéder des récoltes auffi variées à la reffource précaire de la chaffe, ou au feul produit des troupeaux. Un objet bien intéreffant pour l'hiftoire, feroit de chercher à découvrir les traces de l'accroiffement de la culture & la marche de l'induftrie depuis le premier état fauvage d'une nation & fes premiers défrichemens jufqu'à l'époque d'une agriculture & d'un commerce floriffant ; d'indiquer les circonftances politiques, les époques de la conftitution & les événemens accidentels, qui ont hâté ou retardé les progrès de la nation. Le développement exact de cette partie préfenteroit des leçons bien utiles à ceux qui gouvernent ; ils y verroient les longs & malheureux effets de l'ambition imprudente ou d'une opreffion avide, & la néceffité d'éclairer les peuples & de les affranchir des entraves nuifibles, pour avancer vers ce haut degré de force & de félicité publique, qui doit être le but invariable de tout gouvernement.

SUMISWALD, bailliage du canton de Berne en Suiffe. Léopold, feigneur de *Sumifwald*, légua en 1225 à l'ordre teutonique fon château & fes revenus, à condition d'y entretenir un hôpital pour les pauvres & les paffans, & de le faire deffervir par deux prêtres. L'évêque de Conftance confirma cette donation. Marquard de **Bubenberg**, commandeur, procura à cette maifon, en 1371 le droit de bourgeoifie à Berne. En 1528 les Bernois s'en emparerent, mais ils le rendirent en 1552 à l'ordre, lequel le fit gouverner par un bourgeois de Berne, jufqu'à ce qu'il le vendit au canton en 1698.

SURPIERRE, en allemand *Uberftein*, baillage du canton de Fribourg en Suiffe, conquis en 1536 fur la maifon de Savoie. Le baillif réfide au château de *Surpierre*, lequel on prétend être du VI fiecle.

SURSE'E, petite ville du canton de Lucerne joliment bâtie, fituée prefque fur les bords du lac de Sempach. Elle eft affez ancienne, & a eu les mêmes maitres & le même fort que la ville de Sempach; mais ce ne fut qu'en 1415 qu'elle fe rendit au canton, en confervant fes droits & priviléges qui font affez confidérables. Elle a fon avoyer, un grand & un petit confeil, beaucoup de revenus; fa banlieue a le droit de glaive, &c. Les environs font très-fertiles & rians. Le clergé eft nombreux, & donne fon nom à un des chapitres de l'évêché de Conftance.

TEGLIO, en allemand *Tell*; commune située en Valteline & attachée à aucun terziere. On croit que le bourg de ce nom a été connu des Romains, au moins y avoit-il des murs bien forts. Le podesta que les Grisons y envoyent de deux en deux ans, réside dans ce bourg; il y a aussi un college de chanoines. La commune est partagée en 36 contrades, & a autant de conseillers. Elle a en outre un chancelier & deux doyens. A val Bevigio il y a une usine de fer très renommée.

THAINGEN, bailliage du canton de Shaffouse en Suisse, gouverné par un baillif qui n'est pas tenu à résidence. Le bourg & la seigneurie de ce nom a appartenu successivement à plusieurs familles nobles. Le canton acquit une partie en 1461 par les armes & l'autre avec Barzheim en 1580 par achat. Le canton acheta la haute jurisdiction en 1723 de la maison d'Autriche, comme souveraine du landgraviat de Nellenburg.

THIELE, riviere, village, château & chatellenie de la principauté de Neuchâtel, dans le bas du pays, vis-à-vis de Cudrefin & de l'embouchure de la Broye. La riviere est navigable & poissonneuse; elle décharge le lac de Neuchâtel dans celui de Bienne. Pour l'ordinaire son cours embellit la contrée;

mais quelquefois auſſi, négligemment contenues dans leur lit, imparfaitement déduites du lac de Bienne, ſes eaux ſujettes à ſe groſſir, deviennent incommodes : l'on paſſe cette riviere ſur un grand pont couvert, où l'on paye péage à l'État de Neuchâtel. Le village de *Thiele* eſt peu remarquable : le château l'eſt davantage, non pas à cauſe de ſon architecture ou de ſa force, à l'un & l'autre égard il eſt médiocre ; mais à raiſon de ſa ſituation riante, & du triſte parti que l'on en tire, de malheureux priſonniers étant par fois les ſeuls habitans qu'on lui donne. Quant à la châtellenie c'eſt la 5. des juriſdictions du pays, & celle dont, à tout prendre, le ſol eſt le meilleur. Il y croît du vin, du grain, du foin, des fruits & des légumes, en abondance : il y a des marnes de bon uſage, & des forêts de bon rapport : le poiſſon n'y manque pas non plus ; & le gibier y multiplie autant que la choſe eſt poſſible, au milieu d'un peuple moins facile à ſe familiariſer avec les loix de la chaſſe, qu'avec le plaiſir de porter des armes. L'on compte dans cette juriſdiction 17 à 1800 ames ; & l'on y trouve deux riches villages de paroiſſe, ſavoir, *S. Blaiſe & Cornaux*, avec pluſieurs autres qui n'ont pas d'égliſe, tels que *Haute-Rive, Marin, Eſpagnier, Vavre, Thiele, Voing, la Malin & la Coudre*. L'on y trouve auſſi les bâtimens, bien placés & mal conſervés, de l'ancienne abbaye de *Fontaine André*, & le grand étang appellé *Loquiat*, dont la profondeur est immense, & la pêche fréquemment considérable. Il a été parlé à l'article S. BLAISE, de la prospérité de ce village, de la diligence, de l'intelligence, & du succès de ses habitans dans leurs travaux : or le même éloge pouvant être fait de la chatellenie de *Thiele* en entier, l'on croit devoir à cet égard renvoyer à cet article.

THIERSTEIN, bailliage du canton de Soleure, appartenant ci-devant aux comtes de ce nom, si connus dans *l'histoire Suisse*. En 1463 ils l'hypothequérent au canton, ils lui cederent le château en 1499 & ce ne fut qu'après l'extinction de ces comtes que ce canton parvint à une possession pleniere. Il y envoya cependant des baillifs depuis 1499. Ceux-ci résident au château de *Thierstein*. L'évêque de Bâle céda tous ses droits de suzeraineté au canton en 1522. Le monastere de Beinweil renonça aussi formellement à ses prétentions en 1662. Ce monastere est situé dans ce bailliage. Il a été fondé en 1124 par les comtes de *Thierstein* & a été transporté depuis à Mariæ Stein, après avoir essuyé différens revers. Le beau chemin par le Passwang, qui fait une partie du Jura, mérite d'être vu, de même que le pont très-artistement construit. A Busserach, il y a des eaux minérales qui charient du cuivre & du vitriol. A Erschweil, il y a des mines de fer & une usine. Kleinlützel étoit un couvent de religieuses de l'ordre de citeaux, il a été changé en un chapitre de chanoines & incorporé en 1264 au chapitre de S. Léonard à Bâle.

THORBERG, bailliage du canton de Berne en Suisse. Il y avoit anciennement des barons de ce nom. Rodolphe I empereur acccorda en 1283 à Ulric de *Thorberg*, les mêmes priviléges pour son château qu'avoit la ville de Berne. Ce château fut démoli en 1386 par les Bernois, de même que celui de Coppigen. Pierre de *Thorberg* ayant fait sa paix avec les Bernois, fonda en 1397, à *Thorberg* une chartreuse, lui légua son château ruiné & ses terres à Coppigen, Krauchthal & Ersigen; lui procura le droit de bourgeoisie à Berne, & chargea cette ville de l'avoyerie sur ce monastere. Léopold duc d'Autriche céda à ce couvent son droit de suzeraineté, Berne l'exempta en 1399 de tout impôt, & Soleure lui accorda le droit de bourgeoisie. Cette chartreuse devint très-riche. Elle a été sécularisée en 1528. On y entretient maintenant quelques pauvres, on y distribue des aumônes considérables, & plusieurs pasteurs reçoivent leur pension sur les revenus de ce monastere. Les bâtimens sont neufs, & le château sur-tout est beau.

THOURGAW, *ou Thourgau*, pays de la Suisse, qui suivant l'origine de son nom, comprend toute cette étendue de pays qui est aux deux côtés de la riviere de Thour, & qui s'avance d'un côté jusqu'au Rhin, & de l'autre jusqu'au lac de Constance. Dans ce sens, il fait toute la partie orientale de la Suisse. Il comprend une partie du canton de Zuric, celui d'Appenzell tout entier, les terres de la république & de l'abbé de S.

Gall, celles de l'évêque de Constance & celles des sept anciens cantons; mais dans l'usage ordinaire, on entend par le *Thourgaw* les seules terres qui dépendent de la souveraineté commune des cantons. Dans ce dernier sens, le *Thourgaw* est un grand bailliage, qui est borné à l'orient en partie par le lac de Constance, & en partie par la ville de ce nom & par les terres de son évêque; au midi par les terres de l'abbé de S. Gall; & à l'occident par le canton de Zuric. Ce bailliage est le plus grand qu'il y ait dans toute la Suisse; car il comprend quelques villes, plusieurs villages & plus de cinquante paroisses.

Le gouvernement civil du *Thourgaw* est sous la souveraineté des huit anciens cantons qui y envoyent tour-à-tour pour deux ans, un baillif, dont la résidence est à Frawenfeld. A l'égard du gouvernement spirituel, les quatre principales villes se choisissent elles-mêmes leurs pasteurs qui composent ensemble un synode. Les catholiques qui font à peu-près le tiers des habitans, dépendent de l'évêque de Constance.

THUN, ancien comté en Suisse, maintenant un bailliage considérable du canton de Berne. Elle appartenoit aux ducs de Zæringuen & échut en héritage à Werner comte de Kibourg. Berne acquit vers 1323 des droits sur ce comté; il fut hypothequé de nouveau à cette ville en 1374, & cédé tout-à-fait en 1384. Le baillif a le titre d'avoyer.

La ville de *Thun* a de beaux priviléges.

Elle est gouvernée par son propre magistrat sous la présidence du baillif. Il y a un banneret établi par la ville, un petit conseil dont les membres sont élus par le petit conseil à Berne, & un grand conseil. Ses revenus sont considérables.

A Amsoldingen, il y avoit un college de chanoines à l'honneur de S. Maurice, fondé, à ce qu'on dit, en 933, par Berthe reine de Bourgogne, & doté par la noblesse des environs. Les nobles de Straetlinguen, d'Uspunnen, de Waedenschweil & les comtes de Kibourg en furent successivement les avoyers. En 1485 il fut incorporé au college de chanoines établi à Berne : les jurisdictions furent attachées au bailliage de *Thun* en 1488.

Dans les environs de Steffisbourg se trouvent les bains de Schneitweyer, dont les eaux sont alumineuses. On les fréquentoit beaucoup il y a quelque tems, maintenant ils sont négligés.

Ce bailliage donne son nom à une des classes du clergé allemand du canton, elle est fort étendue & comprend un grand nombre de paroisses.

Thun, *lac de*, il a son nom de la ville dont nous venons de parler. Sa longueur est de cinq lieues, sur une de largeur. Il est environné des deux côtés d'une chaîne de montagnes, dont une partie est propre au pâturage, d'autres sont couvertes de vignes, qui produisent un vin assez mauvais. Cette situation en rend les abords difficiles ; heureufement que les tempêtes y font très-rares. La profondeur du lac doit être confidérable. Ce lac eft riche en différentes efpeces d'excellens poiffons, truites, brochets, &c. Une efpece de poiffon nommée *alboek*, *albuta*, y étoit très-commune avant qu'on eut conduit la Kander dans ce lac, mais depuis ce tems là elle a fort diminué.

Sur le bord de ce lac eft la fameufe caverne de S. Béat, remplie de ftalactites & d'autres incruftations. On a trouvé des indices de mercure près du lac.

TIRANO, chef-lieu du *Terzero di fopra* ou partie d'enhaut de la Valteline. Il eft grand, peuplé, bien báti, & a du commerce. Le podefta de *Tirano* y a fa réfidence. Louis, duc de Milan, l'environna de murs & y bátit un château en 1487. Les François s'en emparerent en 1499 & le garderent jufqu'en 1512, alors le château & les murs furent rafés. Pour le politique & l'hiftorique, *v.* VALTELINE. Il y a un college de chanoines & d'autres couvents. Tout près de là eft la fameufe églife alla Madonna, objet de pélerinage très-fréquenté. En 1596 il s'eft tenu à *Tirano* une difpute de religion dont les actes ont été imprimés.

TIRANO, gouvernement dans la Valteline, de la dépendance des Grifons. Il eft partagé en deux archiprêtrés, qui comprennent onze communautés; le chef-lieu lui donne fon nom.

TITTLISPERG, une des plus hautes montagnes de la Suiffe, & peut-être la plus
haute.

haute. Elle est dans la seigneurie d'Engelberg, dans le canton d'Underwalden. L'on prétend qu'il faut 6 heures pour monter de la vallée d'Engelberg jusqu'aux pieds des glaces, qu'il y auroit encore deux lieues à monter sur des glaces continuelles. Il n'est pas probable qu'aucun homme ait pû atteindre la cime de ce colosse de glaces.

TOBEL, commanderie de l'ordre de Malthe, dans la Thurgovie en Suisse, fondée en 1228 par Diethelm comte de Toggenbourg, pour expier le crime d'avoir assassiné son propre frere Fréderic. Les comtes de Toggenbourg descendans du fondateur l'enrichirent beaucoup. Le commandeur a plusieurs priviléges, que les autres seigneuries n'ont pas, comme celui de garder pour lui seul toutes les amendes qui ne surpassent pas 12 livres de France, au lieu que les autres seigneuries sont obligées de les partager toutes avec le baillif de la Thurgovie.

TOGGENBOURG, comté de la Suisse, dépendant de l'abbaye de S. Gall. C'est un pays étroit entre de hautes montagnes, & qui avoit autrefois des seigneurs particuliers avec un titre de comte. Le dernier, nommé *Fréderic*, accorda par grandeur d'ame à ses sujets, au commencement du quinzieme siecle de si grands priviléges, qu'il les rendit en quelque maniere peuple libre.

Le *Toggenbourg* est considéré dans la Suisse comme un territoire important par sa situation, ses voisins & le peuple qui l'habite. Il est séparé au nord du canton d'Appenzell par de hautes montagnes presque inaccessibles ; à l'orient & au couchant, par les terres du canton de Zuric. Il peut avoir en longueur cinq milles d'Allemagne, ou dix lieues de chemin, & moitié en largeur. On distingue le pays en province supérieure & province inférieure, & chaque province est divisée en divers districts. Les habitans sont catholiques romains & réformés, & sont ensemble environ neuf mille hommes, dont les deux tiers sont protestans.

Les deux religions sont réunies par un serment solemnel, que tous les Toggenbourgeois sont tenus de faire, savoir de conserver ensemble une concorde mutuelle. Ce serment précede même celui par lequel ils jurent le traité d'alliance & de combourgeoisie avec les cantons de Schwitz & de Glaris, alliance qui dure depuis 1440. Le territoire du pays abonde en graines, en prairies & en pâturages.

Le gouvernement est composé de membres en partie protestans & en partie catholiques, tirés des communautés de chaque religion. Dans les endroits où se fait l'exercice des deux religions, les réformés & les catholiques élisent conjointement les membres de leur grand-conseil, sans avoir égard à l'alliance ou à la parenté. Ce grand-conseil est le conservateur de la liberté publique. Dans les affaires de conséquence, il convoque l'assemblée générale du peuple qui en décide souverainement. Dans les petits conseils qui sont chargés d'examiner les affaires criminelles & les causes de peu d'importance, le grand-conseil en nomme les membres, & les tire également de chaque religion. Dans les justices inférieures du pays, il y a quelques communautés qui ont le droit d'élire leur amman. Dans d'autres, l'abbé de S. Gall nomme deux des chefs, & les habitans choisissent les autres. Enfin les Toggenbourgeois ont un gouvernement des plus sages & des mieux entendus pour leur bien-être.

TOESS, bailliage du canton de Zuric, enclavé dans celui de Kibourg. Il prend son nom de la *Tœss*, qui sort du Toggenbourg, parcourt une partie du canton & se jette dans le Rhin près de Tœssriederen. C'est un torrent très-dangereux & qui fait souvent les plus grands ravages. Anciennement il y avoit à *Tœss* une maison de religieuses, fondée par Euphemie de Herten. Henri I évêque de Constance permit en 1233, qu'on changea cette maison en un couvent de l'ordre de S. Dominique. Les comtes de Kibourg & toute la noblesse des environs le doterent à l'envi. Agnes, reine d'Hongrie fille d'Albert I. y demeura long-tems. Cette même reine obligea aussi sa belle fille Elisabeth, fille d'André III. roi d'Hongrie, à y prendre le voile. Elle céda aussi à ce couvent la plus grande partie des terres qui appartenoient aux assassins d'Albert I. son pére, & sur-tout celles des barons de Wart. Ce couvent de religieuses parvint à des richesses très-considérables. Peu à peu la corruption s'y glissa, & les sœurs se livrerent à de grands désordres. A la réforme, les religieuses furent congédiées & dotées. Le couvent fut changé en un bailliage, & les revenus en grande partie destinés à l'entretien de plusieurs pasteurs, & à assister les pauvres des environs. Le baillif y réside, la durée de sa direction est de six ans. Il y a aussi un pont sur la *Tæfs*, établi en 1348 par la ville de Winterthur, qui est aussi chargée de l'entretenir. Près de cet endroit les Zuricois perdirent en 1392 une grande bataille contre Albert duc d'Autriche.

TRACHSELWALD, bailliage du canton de Berne en Suisse, il est d'une très-grande étendue. Le château de ce nom, avec une partie du bailliage, appartenoit à des nobles du même nom, qui eurent déjà au XIII siecle le droit de bourgeoisie à Berne. Il passa ensuite dans la famille de Rütti, & dans celle de Sumiswald. Les Bernois s'en emparerent en 1383; mais ils le rendirent à titre de fief & permirent même de pouvoir le vendre à l'ordre teutonique, ce qui se fit en 1398. Celui-ci, le vendit au canton de Berne en 1408, lequel y ajouta Hutweil en 1410, quoique déjà acheté en 1384, Erisweil en 1504, Tschangnau en 1420, &c. le tout à titre d'achat, & en fit un bailliage. La province est très-fertile, sur-tout en pâturages. Il y a un grand commerce en chevaux & en bétail. On s'occupe même beaucoup de fabriques, sur-tout de toiles de chanvre & de lin, dont il se fait une quantité extraordinaire, & d'une grande finesse. Au Trubschachen il y a la fabrique renommée des Ienne, qui travaille sur-tout en rubans &c.

TRACHSELWALD, est le chef-lieu & la résidence du baillif. Hutweil est une petite ville sur les frontieres du canton de Lucerne, appartenant successivement aux comtes de Kibourg & à la maison d'Autriche. Cette ville a des priviléges assez jolis, un avoyer & un conseil, qui dépend du baillif, il y a un grand passage de marchandises, & une foire de bétail très-considérable. C'est ici que les paysans revoltés des cantons de Berne, Lucerne, Bâle & Soleure, jurerent en 1653 leur alliance. Langnau, village très-considérable & beau, fameux par le séjour qu'y fait cet illustre empyrique Michel Schuppach, homme unique dans son genre, qui avec la plus crasse ignorance fait les cures les plus étonnantes, & qui joint à cette faculté, un désintéressement très-rare, & une charité sans bornes envers les pauvres. Il y a aussi à Langnau plusieurs foires très-considérables, sur-tout en chevaux. A Trub, il y avoit un monastere de l'ordre de S. Benoit, fondé en 1139, par Thuring de Brandis, qui lui accorda entr'autres le droit de glaive. Conrad III. empereur, confirma cette donation. Berne le reçut dans son droit de bourgeoisie en 1286 & acquit en 1447 le droit d'avoyerie sur lui, de ceux de Brandis. Il fut sécularisé en 1529, & les revenus attachés au bailliage de *Trachselwald*, les domaines & les bâtimens ont été vendus. Au Tschangnau il y a une fabrique de verre, peu confidérable à la vérité.

TRAVERS, grande terre feigneuriale de la principauté de Neuchâtel, aux confins de la Franche-Comté & du bailliage de Grandfon, & féparant la mairie de Rochefort de celle de la Brevine, & de la chatellenie du Val-Travers. La riviere de Reufe qui en baigne la partie méridionale, la quitte dans les précipices du dangereux paffage de la *Clufette*. Envifagé comme jurifdiction, *Travers* eft une mairie de laquelle reffortiffent 18 à 1900 ames; & envifagé comme terre proprement dite c'eft un amas de montagnes & de vallons, dont le fol eft moins fertile en grains & en foins, qu'en pâturages & en bois. En 1721 l'on y découvrit une mine d'afphalte affez riche: la matiere en fut d'abord mife en œuvre avec fucces, & on l'employa même dans les jardins de Verfailles, pour le ciment de divers baffins: dès lors, & on ne fait trop pourquoi, l'exploitation en a été abandonnée; & tout le parti que l'on tire actuellement de ce bienfait de la nature, fe réduit à l'opinion vulgaire où l'on eft, que les exhalaifons de cette mine donnent aux habitans du quartier la gaieté particuliere qui femble les diftinguer de leurs voifins. Il y a dans cette mairie trois villages, favoir, *Travers*, *Rofieres*, & *Noiraigue*; & il y a divers hameaux, tels que la *Chataigne* & la *Chaux du Cachot*, avec quantité de maifons écartées. Le village de *Travers* eft confidérable; il s'étend en longueur au nord de la Reuſe, & il eſt fort peuplé : c'eſt d'ailleurs dans son enceinte qu'eſt placé le château des ſeigneurs du lieu, leſquels exiſtent dès l'année 1413, & ont l'honneur de partager leurs titres & leurs droits avec le ſouverain du pays; car c'eſt en leur nom, tout comme au ſien, que la juſtice s'adminiſtre dans l'endroit, & que les redevances des ſujets ſont perçues. Ces ſeigneurs, qui, depuis un tems, ſont de la famille noble *de Sandoz*, ont eu pour ancêtres maternels des barons de *Bonſtetten* & des bâtards de la maiſon de *Neuchâtel*. Graces à l'heureuſe conſtitution de la principauté en général, dont la douceur influe juſques ſur les droits même des fiefs qui en relévent, les ſujets de *Travers* n'ont à gémir ſous le poids d'aucune impoſition exceſſive ni d'aucune autorité arbitraire ; les taxes qu'ils payent ſont fixées & modiques, & les travaux auxquels ils ſont aſſervis ſont légers & convenus : ils ſe livrent ſans obſtacles à l'exercice des arts & métiers, & ils ſe vouent ſans gêne, ſoit au négoce, ſoit à la vie champêtre, ſoit à tel genre d'occupation que leur fortune, leur inclination, ou leur capacité peuvent comporter : l'induſtrie & l'activité ne leur manquent pas plus qu'au reſte des Neuchâtelois, & s'il eſt quelques branches de travail, auxquelles le commun d'entr'eux paroiſſe ſe porter par préférence, c'eſt aux ouvrages en bois, en fer & en dentelles au fuſeau.

TROGEN, chef-lieu du canton d'Appenzell en Suiſſe, de la religion réformée ou *aussfer roden*. Il est petit, mais bien bâti. La maison de ville, le conseil, la justice, la caisse de l'Etat, les archives, l'arsenal, le magasin de poudre, l'hôpital s'y trouvent réunis. Il est aussi à tour la place d'assemblée de cette partie du canton, & du synode du clergé. Ce Rhoden étoit ci-devant le plus grand de tous, car il est maintenant partagé en 8 autres Rhoden. Il appartenoit à l'Empire. L'abbaye de S. Gall l'acquit par donation & par achat, mais il s'est liberé comme on peut le voir à l'article APPENZELL. Il y a plusieurs eaux minérales. C'est aussi dans cette paroisse qu'a commencé la fabrique de toiles si renommée de nos jours & si bien cultivée par tout ce pays. George Schlepfer l'introduisit en 1551. Elle est soumise à des règles propres à soutenir son crédit.

V

VAL-AVERSA, jurifdiction du pays des Grifons, dans la ligue de la Maifon-Dieu, & l'une des dépendances de la communauté de Stallen. Cette vallée eſt ſituée au pied du mont Septimer, dans un lieu rude & ſauvage. On y compte ſept paroiſſes. Les habitans ont eu des ſeigneurs particuliers, vaſſaux de l'évêque de Coire; mais ils ont acheté leur liberté depuis long-tems; & c'eſt une acquiſition qu'on ne peut trop payer.

VAL DE BAGNES, grande châtellenie dans le bas Valais, appartenant à l'abbaye de S. Maurice. Il y avoit une prévôté, qu'Amé III comte de Savoie incorpora en 1143 à la dite abbaye; Amé IV lui légua toute la vallée. Le village de Bagnes, qui donna le nom à la vallée, a été englouti par les eaux en 1545. On exploitoit anciennement des mines d'argent dans ces contrées.

VALLAIS, le, en allemand *Landſchaft Wallis*, *Walliſer-Land*, petite république indépendante, ſituée dans la partie méridionale de la Suiſſe, & alliée du corps helvétique. C'eſt un vallon d'environ trente ſix lieues d'étendue dans ſa longueur de l'eſt à l'oueſt; ſa plus grande largeur eſt de huit à dix lieues; il ſe retrécit conſidérablement à meſure qu'il s'éleve vers les hautes Alpes. Le Rhône prend ſa ſource vers l'origine du vallon, & le traverse dans toute sa longueur, avant de se jetter dans le lac de Geneve. La source de ce fleuve est sous un glacier, au pied d'une haute montagne nommée *Fourche*, en latin *mons Furca*, qui fait une branche de la grande masse des Alpes, & touche au S. Gothard. Depuis ce point de réunion, deux chaines de glaciers & de hautes montagnes, embrassent le pays de *Vallais* & le limitent par leurs contours. La chaine méridionale le sépare de la Savoie & du Piémont; elle aboutit aux vastes glaciers du Faussigny. La chaine septentrionale fixe les limites entre le *Vallais* & le canton de Berne. Les diverses sinuosités de cette double chaine forment plusieurs petites vallées, dans lesquelles se déchargent plusieurs torrens qui se jettent dans le Rhône. L'intérieur de ces hautes Alpes présente des murs de roches d'une hauteur prodigieuse & souvent inaccessible, entrecoupés par des rivieres d'une profondeur proportionnée, au-dessus de cette baze de rocs, se trouvent dans diverses places de grands amas de glaces éternelles, impénétrables aux rayons du soleil, au-dessus desquels s'élevent les sommets des Alpes, toujours couverts de neige. Cette barriere élevée par la nature, ne laisse qu'un petit nombre de passages de communication entre le *Vallais* & les pays limitrophes. Du côté du Piémont le passage du grand S. Bernard & du Simplon sont les plus faciles & les plus fréquentés; le dernier conduit du haut *Vallais* à Domo d'Oscella, & le premier du bas *Vallais* à la cité d'Aost. A peine dans le fort de l'été trouve-t-on deux autres passages dans les gorges de ces Alpes, où un mulet pût marcher, & quelques sentiers aussi pénibles que dangereux, dans lesquels ne se hasardent que des chasseurs ou des contrebandiers. Le pas de Kandersteg conduit de la vallée de Froutiguen du canton de Berne aux bains chauds d'Oüeche ou Leuk en *Vallais*; la descente de ce dernier côté est rapide & le chemin taillé en grande partie dans le roc. Au fond du *Vallais* la Fourche présente un passage dans la vallée d'Oursern, du canton d'Uri, & dans la Lombardie par la communication avec le S. Gothard. De tous ces passages celui du grand S. Bernard est le plus fréquenté. Un couvent de chanoines réguliers de l'ordre de S. Augustin, fondé par S. Bernard de Menthon, d'où la montagne a conservé son nom, & situé dans la partie la plus élevée de cette route, sert en même tems d'hospice pour les voyageurs & leur fournit des secours & une retraite dans les surprises des orages ou des neiges.

Cette grande variété de sites, de climats ou de température locale, & de productions naturelles, qu'on observe en général dans la Suisse, s'offre plus particulièrement encore & dans une espace plus resserré, dans le *Vallais*. Il présente aux regards du voyageur une succession aussi rapide que variée de tableaux & de points de vuë; tantôt les sommets glacés des hautes Alpes l'étonnent par leur élévation, en se montrant derriere des rochers d'une hauteur effrayante & couronnés de pointes bizarres, tantôt cette décoration magique disparoit derriere un bois touffu, ou un côteau agréable ; aux ombres d'une forêt humide succéde un tapis d'une verdure riche & agréable ; un petit contour du chemin découvre tout-à-coup une colonie isolée, entourée de terres cultivées, ou les sombres horreurs d'un désert sauvage ; au-dessus d'un vignoble on voit, à quelque distance, s'élancer, comme du sein des nues, un torrent indomptable, se briser sur les écueils qui s'opposent à sa chûte & reprendre au pied des précipices un cours tranquille au travers du vallon ; des pâturages couverts de troupeaux & éclairés par un beau soleil, s'offrent à l'opposite d'un glacier ombragé par des vapeurs froides ; en un mot, tous les contrastes entre les objets les plus grands ou les plus agréables de la nature, si fréquens dans tous les pays de montagne, se trouvent plus particulierement réunis & rapprochés dans la petite contrée des Alpes qui fait le sujet de cet article.

La direction de cette vallée de l'est à l'ouest procure à une des côtes la jouissance libre du soleil, tandis que de hautes Alpes la couvrent des vents du nord. La côte opposée éprouve nécessairement tous les désavantages d'un climat contraire. Si l'on fait attention encore, que la différence dans les degrés d'élévation des terres est tout au moins aussi grande que celle des sites ; on ne sera plus étonné de la prodigieuse variété dans les productions du pays. Ce n'est pas, qu'à tout prendre, cette variété produise l'abondance. Les vins & les graines qu'on recolte dans quelques parties de la vallée, ne suffiroient pas même pour la consommation intérieure sans la grande frugalité des habitans. Ce sont les pâturages, les troupeaux, & les bois, qui font le principal objet de revenu & d'exportation. Dans les districts supérieurs du pays on ne seme, tout au plus, que des graines de carême, qui ne parviennent à leur maturité que vers le commencement de l'automne, tandis que les districts les mieux exposés produisent du beau froment, & que la moisson y est fort hâtive. Il en est de même des fruits des arbres ; dans les lieux élevés, à peine quelques fruits à noyau peuvent mûrir ; aux environs de Sion, de Siders & de Groundis, les figues & les grenades simples mûrissent en plein air. Le *Vallais* abonde en diverses especes de fauve, de gibier & de poissons de riviere.

Si vous exceptés quelques districts, privilégiés par rapport au sol & au climat, le reste du *Vallais* n'est rien moins qu'un pays riche. La vaste étendue des monts, des rochers & des forêts, & le grand nombre de pâturages resserrent dans des bornes fort étroites le travail & la jouissance des habitans. La rudesse des mœurs & l'ignorance de beaucoup de besoins, font chez ces montagnards une compensation à leur pauvreté. Ils sont dans leur vie privée & dans l'économie de leur terre d'une négligence qui frappe tous les étrangers. Un concours de causes physiques & morales les retient depuis des siecles & les retiendra peut-être long-tems encore dans cette ignorance paresseuse. La même nonchalance qui les fait négliger d'appuyer leurs vignes à des échalats, les fait vivre la plûpart dans une malpropreté dont les voyageurs ne peuvent parler sans dégoût.

C'est à cette indifférence choquante sur les commodités les plus nécessaires de la vie, sur l'apprêt des alimens & principalement sur le choix des eaux, qu'ils pourroient se procurer souvent d'une meilleure qualité, ou en prévenir les effets nuisibles ; c'est, dis-je, à cette insensibilité habituelle, qu'il faut attribuer en grande partie ce nombre de goûetreux, de muets, d'imbécilles, qu'on rencontre dans plusieurs villages du haut *Vallais*, parmi lesquels il se trouve des êtres si mal organisés, que dans toute leur vie ils ne se levent jamais de leur place, & qu'à peine les besoins de la vie les plus pressans leur arrachent quelque signe de sensation ou d'idée. Au reste, le spectacle d'une nature ainsi dégradée, terrible dans sa nouveauté, ne frappe point le peuple qui en est le témoin journalier. Non-seulement la difformité d'un goûetre, est peu de chose à leurs yeux, mais encore, par un préjugé aussi heureux dans son effet qu'il est absurde dans son principe, ils regardent un crétin ou imbécille dans une famille comme un préfent de la Providence, l'envifageant tantôt comme un être prédeftiné, préfervé du péché & des peines, tantôt comme une victime refpectable; dévouée pour le refte de la famille. Il eft déjà bien difficile que les lumieres pénetrent chez un peuple pauvre, ifolé, prefque retranché du refte du monde; par le tableau de la conftitution politique du *Vallais*, nous verrons encore, combien peu on doit efpérer de l'influence de la police & de l'inftruction fur des opinions & des habitudes auffi invétérées.

En exceptant les lieux les plus fujets aux infirmités endémiques qu'on vient d'indiquer, le refte de ce peuple forme une race d'hommes forte & robufte; on voit quelquefois parmi eux des vieillards fort âgés & bien confervés. Ils ont les mœurs de tous les montagnards. On obferve généralement dans de tels pays, que plus on s'avance vers l'intérieur des vallons & des montagnes, en s'éloignant des lieux où l'argent circule, plus on trouve d'hofpitalité & de franchife. L'ignorance des befoins de fantaifie donne ce contentement habituel qui rapproche les hommes; la plûpart des motifs de leurs défiances & de leurs inimitiés fecretes naiffent de la cupidité, & celle-ci s'accroît à proportion des défirs de l'imagination. Les Vallaifans font robuftes par l'effet d'une vie dure & frugale, & braves à raifon de leur attachement à l'indépendance; ce fentiment eft toujours plus actif chez des hommes qui ne connoiffent & ne peuvent eftimer les avantages, que les peuples policés regardent comme un dédommagement de la privation d'une partie de leur liberté.

Dans la pofition où ces peuples fe trouvent, il leur eft toujours plus facile de repouffer des invafions, que de faire des conquêtes. Cependant dès que le premier vœu des hommes pour la liberté eft fatisfait, l'ambition de dominer à leur tour fe gliffe dans leurs cœurs. Cette contradiction de principe fe reconnoit dans l'hiftoire de toutes les républiques, & même dans celles des démocraties.

Les premieres peuplades connues dans ce petit pays, les Lépontiens, les Vibériens, les Séduniens, & les Veragres, vendirent chérement leur liberté à Sergius Galba, général de Jules-Céfar, qui les foumit par les armes. Ils eurent enfuite la même deftinée en commun avec toute la Suiffe méridionale; en paffant de la domination des Romains, fucceffivement fous celle des Bourguignons & des Francs. C'eft depuis ces révolutions du moyen âge, que le pays a confervé le nom de *Vallefia*.

C'eft dans ce pays, dans un lieu appellé *Agaunum*, qu'on croit être la petite ville de S. Maurice dans le bas *Vallais*, que la tradition place le lieu de fupplice de la célebre légion Thebéenne. S. Maurice en eft fuppofé le chef; ce fait fi fort refpecté des uns, fi fortement contefté par d'autres, fournit à prefque toute la Suiffe fes martyrs & fes patrons

patrons d'églises. On trouve vers la fin du IV siecle, dans les signatures des décrets des conciles, des évêques *d'Octodurum*, aujourd'hui le bourg de Martigny. Dans le VI siecle ils se titroient déjà *episcopi Sédunenses*, de leur siege à Sion, ville & chef-lieu de tout le *Vallais*. Ils prétendent avoir reçu de Charlemagne le titre & l'autorité de préfets & comtes du *Vallais*. Leur pouvoir s'accrut à proportion des progrès que fit la puissance du clergé dans toute l'Europe. Encore aujourd'hui, quoique ce pouvoir ait été resserré dans des bornes beaucoup plus étroites, l'évêque tient une place distinguée dans la constitution politique de la république. Autrefois le siege de Sion reconnoissoit pour métropolitain l'archevêque de Moutier en Tarentaise, province de la Savoie; le pape Léon X le rendit indépendant. C'est apparemment comme anciens préfets des empereurs que les évêques du *Vallais* se titrent encore aujourd'hui *princes du S. Empire*, quoiqu'ils ne jouissent d'aucun des droits attachés à cette prérogative.

On comprend aisément pourquoi le régime aristocratique militaire du système féodal, jetta des racines moins profondes & étendues dans des pays pauvres & montueux, que dans des provinces ouvertes & fertiles. Il y eut cependant quelques seigneurs & chatelains dans le *Vallais*. Lorsque le comte Rodolphe démembra de nouveau la Bourgogne du royaume de France, il se fit couronner, en 888, dans l'abbaye de S. Maurice en *Vallais*; dès-lors ce pays fut compris dans la petite Bourgogne transjurane. Quand les empereurs d'Allemagne, héritiers de cette monarchie éphémere, voulurent dans le XI siecle faire reconnoître leur autorité, les ducs de Zæringuen, leurs vicaires, trouverent beaucoup de rénitence chez des vassaux trop puissans. La noblesse & le peuple du *Vallais* se réunirent pour résister aux troupes du duc, & les défirent.

Pendant ces tems d'anarchie, les sept communautés qui forment la confédération particuliere des Valaisans prirent consistance; la désuétude de l'autorité impériale fixa leur indépendance. Ces peuples ont rarement pris part aux guerres défensives & offensives des Suisses. Les faits historiques des Valaisans se bornent à des querelles passageres avec leurs voisins, les montagnards du canton de Berne & les sujets des comtes de Savoie, & à des brouilleries dans l'intérieur de l'Etat. Ils firent quelquefois des descentes du haut des Alpes chez leurs ennemis, & souvent ceux-ci vinrent les surprendre dans leurs foyers. On brûloit, on se battoit, & les parties souffrantes rentroient dans leurs possessions. La seule conquête que la ligue des sept communautés du haut *Vallais* a conservée, c'est la domination sur le bas *Vallais*, sujet auparavant de la maison de Savoie; ils firent cette acquisition pendant la guerre heureuse des Suisses contre Charles le téméraire. *v.* BERNE.

Lorsqu'en 1536 les deux Etats, Berne &

Fribourg, firent sur la maison de Savoie la conquête du pays-de-Vaud, les Valaisans s'emparerent d'une lisiere sur le bord méridional du lac de Geneve, mais la majeure partie de ce district fut restitué en 1568.

Des prétextes de concurrence entre les communautés, des querelles entre des maisons riches, restes de l'ancienne noblesse, des rivalités entre les prétendans pour le siege de Sion, l'ambition, le génie intriguant de quelques évêques, voilà les principaux sujets des troubles assez fréquens, qui ont agités autrefois ce pays. De tous les évêques, celui qui joua le rôle le plus brillant & le plus malheureux, ce fut le fameux Matthieu Schinner; cet homme, d'un génie vif & ambitieux, actif & éloquent, se dévoua au service du pape Jules II qui lui donna le chapeau de cardinal; par ses menées il engagea les derniers à passer par plusieurs reprises dans le Milanois, & fit répandre prodigieusement de sang dans ces expéditions inutiles. Il avoit en *Vallais* un puissant antagoniste nommé de *Flue*; leurs haines intarissables causerent beaucoup de troubles; ils finirent par se faire chasser successivement, & moururent dans l'exil.

Ces dissentions & l'abus que faisoient souvent des particuliers puissans, de leur richesse & de leur crédit, firent recourir à un remede tout aussi violent, que peut-être dans sa premiere origine, la juste défense du peuple & le défaut d'un pouvoir public & tutelaire, pouvoit excuser. Il s'établit un usage de placer dans un lieu public une image grossierement habillée, qui représentoit la patrie; les premiers assistans de la scene lui adressoient des questions sur son apparence triste & délabrée: une personne répondant pour elle, désignoit ses griefs & leur auteur. Aussi-tôt on élevoit une grande massue de bois, tous les mécontens, à mesure qu'ils accouroient y plantoient chacun un cloux, pour signe de son engagement dans l'exécution de la vengeance publique. On portoit en foule cette massue ou *maze*, devant la demeure du coupable désigné, qui ordinairement se déroboit au châtiment; alors les conjurés vivoient à discretion sur les biens du fugitif, & souvent la scene finissoit par la démolition de son habitation. Ces tumultes & ces hostilités devinrent si fréquentes & si dangereuses, qu'enfin sur les représentations des cantons Suisses, cette espece d'ostracisme fut entierement prohibé & aboli.

Les sentimens des réformés s'étoient répandus dans le *Vallais*, en partie par le soin du célebre Thomas Plater, qui, né dans la pauvreté, fut dans son enfance, berger de chevres, apprit ensuite le métier de cordier, & poussé par un desir pour la science qu'aucun obstacle n'a pû étouffer, parvint enfin par une application opiniâtre, aidée d'un heureux génie, à remplir avec distinction une chaire à l'université de Bâle. L'attention du clergé & l'autorité de l'évêque, qui est grande dans la constitution politique même de ce petit Etat, arrêterent facilement les premiers progrès des nouvelles opinions chez un peuple trop ignorant pour être curieux de questions abstraites pour lui. Dans la suite le zèle & la prévention contre les prétendus hérétiques, excités encore par quelques cantons catholiques de la Suisse, firent inquieter tous les protestans qu'on découvroit, jusques à ce que les derniers furent ou ramenés ou expatriés.

La république du *Vallais* est composée de sept grandes communautés ou justices, appellées *Dizains*, en allemand *Zehnden*. Six de ces communautés ont un gouvernement populaire, leurs chef-lieux sont des bourgs ouverts; chaque dizain composé de diverses paroisses, a la justice particuliere de douze juges, présidés par un maire ou châtelain, qui est le premier magistrat. Les noms des six dizains, en suivant l'ordre du site, depuis les sources du Rhône, sont, *Goms*, *Brieg*, *Raren*, *Visp*, *Leuk* & *Siders*. La ville de Sion, avec sa banlieue, forme le septieme dizain. Son gouvernement est aristocratique; la police est administrée par le conseil des vingt-quatre, dont le chef s'appelle *bourguemaitre*. Le grand chatelain préside à la justice; sauf quelques cas & époques de l'année ou le vidôme de l'évêché, dont la nomination appartient à la ville.

A côté de la ville se trouvent sur trois collines ou pointes élevées l'une sur l'autre, trois différens châteaux, appartenans à l'évêché. Dans le premier appellé *Majorai*, réside l'évêque, le second nommé *Valeria*, est occupé par le doyen du chapitre & quelques chanoines; le château de Tourbillon, le plus élevé des trois, servit autrefois de retraite aux évêques. Lors d'une vacance du siege, le capitaine du pays assemble dans la Valeria le chapitre & l'assemblée des députés des dizains. Les chanoines proposent quatre sujets, & les députés en choisissent un dans ce nombre, qui ensuite est confirmé évêque dans une assemblée combinée.

Cette assemblée des députés, nommée *Landsrath*, est ordinairement convoquée en Mai & en Décembre, par le capitaine chef du pays, appellé *Landshauptmann*; l'évêque y préside. On y délibere sur les intérêts communs du pays, on y juge des causes majeures en dernier ressort; car si des justices inférieures, on peut appeller devant l'évêque ou le capitaine du pays, on peut aussi de leur jugement appeller devant le *Landsrath*. C'est par l'institution de ce conseil suprême que les diverses parties du *Vallais* sont réunies en un seul corps politique; elles sont d'ailleurs si fort indépendantes, qu'anciennement un ou plusieurs dizains faisoient des alliances séparées, ou entreprenoient des guerres avec les Etats voisins.

Dans tout le haut *Vallais* jusques à Sion, le peuple parle l'allemand suisse, mêlé dans quelques endroits avec des termes empruntés d'un italien-lombard. En dessous de Sion commence l'usage du patois françois.

Le bas *Vallais* forme sept chatellenies, sujettes aux hauts Vallaisans, qui leur envoyent de deux en deux ans, à tour de rôle des sept dizains, des baillifs ou chatelains.

Le premier traité d'alliance ou de combourgeoisie de l'évêque & du peuple du *Vallais*, avec la ville de Berne, date de 1250. En 1473 tous les dizains firent avec les quatre cantons foretiers ou les Waldstætt une confédération perpétuelle. Ils étoient aussi vers ce tems-là alliés de Fribourg & Soleure. C'est par ces divers liens que la république tient au corps helvétique, comme alliée & non comme associée à la ligue. Elle a une confédération perpétuelle avec les ligues-Grises depuis 1600; elle est aussi entrée dans l'association des cantons catholiques de 1586, pour la défense de l'église & de la foi. Ses premieres liaisons avec la France datent de 1500.

On estime la milice de tout le *Vallais* de dix-huit mille hommes, & par regle de proportion toute la population de 90000 ames.

VALLENGIN, *comté de*, portion de la principauté de Neuchâtel, aux frontieres de la France & de l'évêché de Bâle, composée des mairies de *Vallengin*, du Locle, de la Sagne, des Brenets & de la Chaux-de-fond. Elle contient plus de 12 mille ames, & ne renferme qu'un seul château ou maison forte, tandis que l'on en compte onze dans le reste du pays, dont cette portion fait au moins le tiers. Son chef-lieu est un bourg du même nom, situé dans un fond environné de montagnes & de rochers herissés de sapins, baigné du torrent du *Seyon* & de celui de la *Sauge*. Ce bourg contient

30 à 40 maisons & 2 à 300 habitans. Il est commandé par le château, édifice du XII siecle, qui a été reparé dans celui-ci. L'on trouve à *Vallengin* un temple d'architecture gothique, monument de la dévotion de l'un des seigneurs du lieu, dédié à la S. Vierge, libératrice des eaux. Il est artistement bâti sur une voûte qui couvre la *Sauge* à son embouchure. D'ailleurs, à la réserve d'une eau minérale que l'on néglige depuis plusieurs années, & de la position de ce bourg, qui est enfoncé au point qu'on ne l'apperçoit qu'au moment même où l'on y entre, ce lieu, tout fameux qu'il est dans la contrée, n'a rien en soi de remarquable : pourvû d'un sol très-rétréci, uniquement propre à la culture de quelques légumes & de quelques fourrages, il ne subsiste qu'à l'aide de ses bois & de ses libertés. Il est le siege tant de la mairie, qui comprend presque tout le Val-de-Ruz, que de la justice criminelle & du tribunal des trois Etats de tout le pays de *Vallengin* : il est le rendez-vous des bourgeois du comté, qui s'y assemblent soit en corps tous les trois ans, pour l'élection de leurs trois maître-bourgeois & de leur boursier qui est en même-tems leur secrétaire, soit tous les ans à diverses reprises, par le moyen de leurs conseillers, qui sont au nombre de 35, & qui, la liberté dans le cœur, le bon sens dans la tête, les priviléges à la main, & la loyauté dans la bouche, vacquent sans cesse avec vigueur, & pour l'ordinaire avec succès, aux intérêts de la bourgeoisie.

Indépendamment des priviléges que la bourgeoisie de *Vallengin* partage avec tout le pays de Neuchâtel & de ceux qu'elle a en commun avec d'autres bourgeoisies, elle en a plusieurs qui lui sont propres, entr'autres un *abbri* ou appréciation des cens dus en grains & en vin, la plus favorable de toutes, & un abonnement très-avantageux pour la dime des grains qui se cueillent dans les montagnes. Les terres du comté de *Vallengin* sont encore aujourd'hui sujettes à une petite finance pour le droit du sceau, lorsqu'il s'en fait des transports, qui ne sont pas sujets aux lods, tandis que tout le reste de la principauté de Neuchâtel est exemte de ce droit. La bourgeoisie de *Vallengin* a encore ceci de particulier, que le prince seul peut admettre quelqu'un au nombre des bourgeois : mais lors même qu'on a ainsi obtenu le droit de bourgeoisie du prince, on le fait encore recevoir dans le corps ou corporation de la bourgeoisie, n'y ayant que les bourgeois de *Vallengin* ainsi incorporés, qui puissent parvenir aux emplois de la bourgeoisie, & reclamer sa protection & son intervention en cas qu'ils eussent reçu quelque atteinte aux droits résultans de leur qualité de bourgeois.

La bourgeoisie de *Vallengin* n'a pas, comme la bourgeoisie de Neuchâtel, le droit de port d'armes ; & quand elle l'auroit, le défaut de finance lui en rendroit l'exercice bien difficile pour ne pas dire impossible. Du reste les troupes du comté de *Vallen-*

gin, quoique divisées en deux départemens, l'un pour le Val-de-Ruz, & l'autre pour les montagnes, ne suivent qu'une même banniere, & forment ainsi un régiment particulier, auquel se joignent aussi les bourgeois de *Vallengin*, répandus en grand nombre dans les jurisdictions de Boudeviliers, de Rochefort & de la Brevine; & quoiqu'ils n'ayent jamais parus bien jaloux de ce droit du port d'armes, c'est-à-dire du commandement & soudoyement de leurs troupes, ils n'ont pas moins l'avantage d'avoir une alliance & une correspondance étroite avec le canton de Berne, où ils jouissent encore aujourd'hui de l'exemption du péage d'Arberg.

Dès son origine, le pays de *Vallengin* a fait partie de celui de Neuchâtel: l'empereur Conrad II le comprit dans l'inféodation de celui-ci, qu'il accorda l'année 1033 au comte Ulric de Fenis, baron de Hasenbourg: mais alors ce n'étoit qu'une contrée inculte & déserte, traversée de quelques routes peu fréquentées, sans agrément & sans commodité pour le voyageur, & sans attraits pour le cultivateur. L'année 1132 l'on commença d'en faire une seigneurie séparée. Suivant les intentions du comte Ulric II son pere, le comte Rodolphe II de Neuchâtel se dessaisit de *Vallengin*, & des terres qui en dépendent, qu'il remit en fief à Berthoud son frere cadet: c'est ce Berthoud qui bâtit le château du lieu, & qui probablement en fonda, ou du moins en agrandit le bourg. Sa postérité s'étant éteinte au bout de cent ans, *Vallengin* fut réuni au comté de Neuchâtel; mais ce ne fut pas pour long-tems. En 1236 le comte Berthoud fils de Rodolphe III, le remit en fief à son oncle Ulric d'Arberg, dont la postérité masculine finit en 1517, & fit place à la maison piemontoise de Challant, qui lui étoit alliée par mariage, & qui, l'année 1584, se trouva tellement obérée, qu'elle fut contrainte d'abandonner cette seigneurie à Marie de Bourbon princesse de Neuchâtel. Il est à observer que c'est à la sagesse de la maison d'Arberg que le pays de *Vallengin* a dû ses premiers défrichemens & ses premieres franchises; & que c'est aux bontés de la maison de Challant, de même qu'à celles de Marie de Bourbon qu'il a dû la continuation des uns & l'augmentation des autres. Il a été de l'heureuse destinée de ces peuples, d'avoir eu dans les XIV. XV. & XVI. siecles, malgré toutes les contrariétés que leur présentoient le sol & le climat, des seigneurs qui leur disoient, *croissez & multipliés*, avec autant d'affection, que le roi de Prusse leur dit aujourd'hui *fleurissez*.

Depuis Marie de Bourbon, cette seigneurie reconnue pour comté en 1707, n'a pas eu d'autre gouvernement que celui de Neuchâtel. Les seuls officiers particuliers de *Vallengin*, sont le procureur & les cinq maires du district.

Le comté comme la principauté de Neuchâtel, a ſes trois Etats qui jouiſſent auſſi de l'autorité ſouveraine, pour ce qui concerne la déciſion des procès civils & matrimoniaux qui ſont portés en appel devant eux ; mais non pas pour ce qui concerne la ſouveraineté. Ce tribunal eſt compoſé des quatre plus anciens conſeillers d'Etat de Neuchâtel, qui forment le premier Etat ; dans le ſecond Etat entrent les maires de *Vallengin*, du Locle, de la Sagne, & des Brenets ou de la Chaux-de-fond, (ces deux derniers alternants d'une année à l'autre :) le tiers Etat eſt rempli par deux lieutenants de maire du comté de *Vallengin*, & deux juſticiers de *Vallengin* nommés par le maire du dit lieu. Le gouverneur ou ſon lieutenant y préſide ; le chancelier, & les procureurs généraux tant de Neuchâtel que de *Vallengin* y aſſiſtent ; le premier pour ſervir dans l'occaſion d'organe au gouverneur, à côté duquel il eſt aſſis, & pour ſoigner l'exact enrégiſtrement & expédition des ſentences ; & les derniers pour conſerver l'ordre & veiller au maintien de la décence, & de l'autorité du prince. Il s'aſſemble à l'ordinaire une fois par an, ſi quelqu'un en ſollicite l'aſſemblée extraordinaire, elle ſe fait aux frais de ceux qui la demandent.

La cour criminelle juge ſans appel, mais le prince ſoit le gouvernement a le droit de faire grace.

Le conſiſtoire ſeigneurial juge auſſi ſans appel ; il a le pouvoir de dicter des amendes & d'infliger des peines corporelles, comme celle du pilori ; mais toujours sauf la grace du prince ou de son gouvernement.

L'officialité, c'est-à-dire le tribunal pour les causes matrimoniales, ne juge pas souverainement, mais on peut appeller de ses sentences par devant les trois Etats.

Dans chacune des cinq mairies du comté de *Vallengin* il y a une justice inférieure, composée du maire & de douze justiciers. On peut appeller de leurs jugemens, dès que l'action est personnelle & que la somme excède quarante francs du pays. Les causes sont encore susceptibles d'appel, lorsqu'il s'agit de l'honneur de l'une ou de l'autre des parties, & lors que le procès concerne un fond quelconque, ou quelque servitude sur un fond si peu considérable qu'elle soit.

La mairie de la Chaux-de-fond, qui a été érigée la derniere, porte ses appels directement aux trois Etats ; mais celles du Locle, de la Sagne & des Brenets ont le choix de porter leurs appels aux vingt-quatre conseillers de *Vallengin*, & de-là aux trois Etats, ou directement à ces derniers.

VALMAGGIA, en allemand *Meynthal*, un des bailliages des douze cantons Suisses en Italie, ayant dix lieues de longueur sur beaucoup moins de largeur. On y éléve beaucoup de bétail, & on y fait grand nombre de fromages. Le pays produit aussi une quantité de fruits & de chataigners, mais peu de grains & peu de vin. Les habitans courent par l'Italie pendant l'été pour y gagner de quoi se nourrir pendant l'hyver. La

Madia ou Maggia arrose toute cette vallée; elle a sa source sur les montagnes entre le Vallais & la vallée de Livenen. C'est un torrent qui fait souvent de grands ravages.

Ce bailliage a été conquis comme les trois autres que les Suisses ont en Italie, & il est gouverné de même à tour de deux en deux ans. Le baillif réside à l'ordinaire à Cevio ou à Sornico. Il est le juge en causes civiles & criminelles, mais lorsqu'il s'agit de peine de mort, il est tenu de convoquer la cour criminelle, & alors il a droit de faire grace. Il est tenu de donner audience tous les quinze jours à Sornico s'il demeure à Cevio, & à Cévio s'il demeure à Sornico. Le bailliage est partagé en deux vallons, val Maggia & val Lairzzara. Chacun a un chancelier que les habitans choisissent eux-mêmes d'après un certain tour, il y a encore un vice-baillif, un interprète & un fiscal, tous les trois au choix du baillif. Chaque commune a un console, qui prend soin des affaires de la commune.

Les habitans sont tous de la religion catholique & du diocese de Come, leur nombre va à 24000 de tout âge & sexe. Le val Bosco, en allemand Gurin, a ceci de particulier, que les habitans y parlent l'allemand, au lieu que dans tous les environs on ne parle que l'italien. C'est-là où l'on trouve les pierres de lavezzi, dont on fait beaucoup d'usage dans ce pays, & qui sont un grand objet de commerce : c'est une pierre ollaire très-refractaire, dont on fait toutes sortes de vases sur le tour.

VAL-DE-RUZ, c'est une des vallées les plus belles & les plus peuplées de toute la Suisse. Elle a quatre lieues de longueur sur une de largeur. L'on trouve dans ce petit district, au-delà de vingt grands & beaux villages qui relevent de la mairie de Vallengin, (*v.* VALLENGIN.) Ce vallon est à-peu-près ovale. Le torrent du Seyon, qui prend sa source près de Dombresson, & quelques autres ruisseaux arrosent ce beaux pays. Dans divers villages l'on fouille la marne avec succès & l'on en fait un heureux usage pour la fertilité des terres. Le sol n'est point ingrat, il produit de très beaux grains & les prairies fournissent d'excellens pâturages. Les habitans s'adonnent principalement à la culture des terres: ils font un assez grand commerce de bétail. Les fabriques de toiles peintes, & l'horlogerie ont depuis peu commencé à y pénétrer, cependant l'on espére que ces deux branches de commerce ne nuiront pas à l'agriculture, qui est reconnue pour être l'unique source de la véritable richesse. A Cernier il y a des eaux minérales. Il y avoit anciennement près du village qui s'appelle aujourd'hui Engollon une petite ville nommée *Bonneville*, qui fut entiérement ruinée dans le XIII siecle pendant les guerres entre les évêques de Bâle & les comtes de Neuchâtel. Une partie de ses habitans allerent fonder la Neuveville sur le lac de Bienne.

VAL-TELINE, les écrivains latins du moyen âge l'appellent *Vallis-Telina*, & nomment les habitans. *Voltureni*. Les allemands ont corrompu le nom de *Vallis-Telina* en celui de *Veltlyn*.

Seigneurie des Grisons, à l'entrée de l'Italie, au pied des Alpes, près du comté de Bormio. La vallée qui compose cette seigneurie est fort longue, mais d'une largeur très-inégale. L'Adda la traverse & la partage en deux parties. Elle est divisée en trois tiers, qui forment cinq petits bailliages. Le premier tiers a Tirano pour capitale; le second tiers a Sondrio; & le troisieme qui est partagé en deux gouvernemens, a Trahona & Morbegno. Le territoire de Teglio fait un gouvernement à part.

Les cinq gouvernemens de cette vallée ont chacun leur conseil & leurs chefs, qui sont élus par toute la communauté. Ils ont aussi leurs officiers militaires, leurs syndics qui veillent à l'observation des loix, & leurs consuls de justice qui ont soin des orphelins. On fait des assemblées générales pour les affaires qui regardent tous les habitans; ces assemblées se tiennent à Sondrio.

Plusieurs puissances ont tenté tour-à-tour de s'emparer de cette petite province au commencement du dernier siecle, lorsqu'elle appartenoit aux ligues-Grises réformées. On vit en 1620 éclore le projet de massacrer tous les protestans du pays. On en égorgea environ cinq cents, & ce fut le fruit des intrigues de la maison d'Autriche. Elle s'empara des comtés de Bormio & de Chiavenna, d'où elle chassa les protestans. Les espagnols vouloient joindre la *Val-Teline* au Milanez.

Le

Le pape Urbain VIII avoit obtenu qu'on la séquestrât entre ses mains, & ne desespéroit pas de la garder. La France jalouse affranchit ce pays de l'invasion Autrichienne ; mais les ministres autrichiens engagerent finalement les Grisons à s'allier avec l'empereur sous des conditions favorables. La capitulation fut conclue à Milan en 1639, & la religion protestante a été bannie du pays.

François I roi de France, s'étant mis en possession du duché de Milan en 1516, céda aux Grisons la conquête qu'ils avoient faite de la *Val-Teline*, & des comtés de Chiavenne & de Bormio ; cependant quoique ce pays soit beaucoup meilleur que celui qu'ils habitent, ils n'ont point voulu s'y établir. Ils préferent le séjour de leur premiere patrie aux beautés d'une terre étrangere, & l'amour de la liberté les porte à croire qu'ils sont plus en sûreté dans leurs montagnes, dont aucune puissance ne tentera jamais de les débusquer.

VAL-TRAVERS, Val-de-Travers Vau-Travers, district de la principauté de Neuchâtel, aux confins du bailliage de Grandson, de la seigneurie de Travers, de la mairie des Verrieres & de celle de la Brevine. Il consiste dans un grand vallon arrosé dans toute sa longueur par la riviere de la Reuse, que l'on voit sourdre au pied d'un rocher à St. Sulpice, où elle met d'abord en mouvement nombre de moulins & d'usines, & d'où elle va embellir par son cours tout le vallon, à mesure qu'elle fournit aux habitans, des bonnes truites qui fe plaifent dans fes eaux.

Outre ce vallon, le *Val-de-Travers* comprend les hautes montagnes qui le bordent & que la nature enrichit de bois, de pâturages, de fourrages & de minéraux. On lui donne 6 à 7 lieues de circuit, & l'on y compte au-delà de 3500 habitans. Il forme à titre de chatellenie la 4 des jurifdictions de l'Etat; & après celle de Vallengin, c'en eft la plus étendue; comme après celle de Neuchâtel, c'en eft une des plus peuplées. L'on y trouve les villages de *Motier* (v. Motier.) de *Couvet*, de *Boverefſe*, de *Fleurier*, de *S. Sulpice* & de *Buttes*, avec les hameaux de *Plancemont* & de *Tremalmont* qui valent des villages, & une multitude de maifons ifolées, difperfées fur les montagnes du diftrict, & habitées, les unes pendant l'été feulement, & les autres pendant toute l'année. Celles-ci pour la plupart font des fieges d'artiftes & d'artifans; & celles-là font la demeure paffagere des vachers & des agriculteurs, que les bienfaits de la nature y attirent. Quant aux villages de la chatellenie, ils en occupent le vallon & ils l'embelliffent. Tous ont dans leur fituation refpective quelque chofe de remarquable, foit pour la fingularité, foit pour l'agrément : Buttes & S. Sulpice font refferrés par des montagnes qui femblent leur dérober le jour, & les féparer du refte du monde; tandis que tout eft ouvert, tout eft riant, dans les divers emplacemens de Fleurier, de Motier, de Couvet & de Boverelle. Il y a d'ailleurs dans tous ces villages des maisons propres & commodes, dont la construction annonce la liberté, l'activité, l'aisance & l'industrie: l'on doit dire en général, que le séjour en est aussi peu celui de la paresse & de l'indigence, que celui de la contrainte & de la stupidité.

Voisin des frontieres de la France, & pourvu depuis 20 ans de chemins très praticables, le *Val-Travers* fait actuellement un grand commerce de commission, dont le dépôt principal est à S. Sulpice Il s'en exporte aussi quantité de dentelles travaillées sur les lieux, de même que beaucoup d'ouvrages d'horlogerie, beaucoup d'ustenciles de bois & de fer, beaucoup de cuirs préparés, beaucoup de papier, & beaucoup de beurre & de fromages. Tous ces objets de débit, fabriqués dans l'enceinte même de la chatellenie, attestent au loin de l'intelligence & du savoir faire de ses habitans; & ils leur procurent en retour les grains, les vins &c. que le sol & le climat leur refusent. Le climat en effet n'est point chaud dans le *Val-Travers*, mais en échange il est très-sain; & la vie, pour l'ordinaire, s'y prolonge avec vigueur & gaieté. Le sol de même, ne peut en être universellement fertile; la surface en est trop inégale: mais si dans ses endroits élevés il ne produit que des bois, de l'herbe & de l'avoine, il faut dire aussi que dans le vallon il produit du froment, du seigle, de l'orge, & de bons légumes. Preuve enfin, qu'en participant avec tous leurs compatriotes aux douceurs de la conftitution du pays, les habitans de cette chatellenie favent également fupporter certaines rigueurs de la nature, c'eft que tous aiment leurs foyers avec une forte de paffion ; & qu'animés, femble-t-il, du beau défir de partager leur bien-être avec le refte des humains, il eft peu d'étrangers que leur politeffe n'accueille avec honneur, & que leur bienveillance ne cherche avec chaleur à fixer au milieu d'eux.

Heureux & digne de l'être, cet intéreffant diftrict n'a pas toûjours fait partie du pays de Neuchâtel. Dans les premieres années du XIII fiecle, il appartenoit encore à la baronie de Grandfon, poffedée par les feigneurs d'Orbe, de la maifon de Vienne. Et alors encore il comprenoit Travers, les Verrieres & la Brevine. Un coup d'œil jetté fur la carte du pays peut apprendre quel arrondiffement ces divers lieux donnoient au diftrict. En 1218 le comte Berthoud I de Neuchâtel, dirigé par le comte Ulric d'Arberg, fon oncle & fon tuteur, en fit l'acquifition. Il le prit des barons de Grandfon, en échange de certaines terres feigneuriales, qu'il tenoit en Bourgogne fur les bords de la Saone & que leur diftance de Neuchâtel lui rendoit incommodes. La méme année il le remit en fief, à titre de baronie, au comte Ulric fon oncle, & celui-ci venant à fon tour, à inféoder à quelques particuliers du vallon diverfes parcelles de sa baronie, il institua pour lors les fiefs connus dans le pays sous les noms de *Grand-Jaques*, & de *du-Terreaux*. On sait au reste, pour le dire en passant, que ces tems marqués par l'institution des fiefs, ne font pas époques dans l'histoire du bonheur des peuples; telle est au contraire la nature des maux qu'ils produisent, qu'il ne faut pas moins que toute la sagesse des tems futurs pour y remédier, pour corriger d'une part la tyrannie fantasque des vassaux, & de l'autre, la servitude bisarre des sujets: aussi le *Val-Travers* étoit-il alors bien éloigné de l'état de prospérité où il se voit aujourd'hui, & où l'ont placé les franchises & privilèges dont l'article NEUCHATEL donne l'idée; (*v. cet article.*) Cependant la baronie, quand à sa jurisdiction civile, ne fut pas conservée dans son étendue primordiale. Pour le soulagement des peuples, pour la facilité de l'administration, & peut-être aussi pour l'avantage personnel de certaines gens que l'on vouloit employer, l'on en démembra le ressort. Au XIV siecle on en détacha les Verrieres; au XV la seigneurie de *Travers*; & au XVII la mairie de la Brevine: mais quant à la jurisdiction criminelle, à quelques modifications près, relatives à la seigneurie de *Travers* en particulier, elle continua & continue de comprendre son premier district en entier. Le château de Motier n'a pas cessé d'en être le redoutable siege: & il en est de même du bureau des finances établi dans le lieu, à titre de recette; l'on fait de reste qu'il opère sur toute l'ancienne baronie du *Val-Travers*. Voyez une description aussi vraye que pittoresque de ce beau vallon, dans un poëme imprimé à Paris en 1760 sous le nom de *la Ruillière*.

VAUD, *pays de*, en latin du moyen âge, *comitatus Waldensis*, & en allemand *Wath*, contrée de la Suisse, dépendante du canton de Berne. Ce pays où le peuple parle le françois ou le roman, & non pas l'allemand, s'étend depuis le lac de Geneve, jusqu'à ceux d'Yverdon & de Morat. Il est borné au couchant d'hyver par le pays de Gex, & le mont Jura le sépare de la Franche-Comté vers l'occident. Il est assez probable, que ce pays a à-peu-près les mêmes bornes que le *pagus Urbigenus* de César, dont la ville d'Orbe, en latin *Urba*, retient le nom.

Quoiqu'il en soit, le pays de *Vaud*, fit partie de la province nommée *maxima sequanorum*; & sous les Bourguignons & les Francs, après la ruine de l'empire Romain, il fut de la Bourgogne transjurane. Les empereurs allemands ayant succédé aux rois de Bourgogne, donnerent le pays de *Vaud* aux princes de Zæringen. Dans la suite des tems, il fut partagé entre trois seigneurs; savoir, l'évêque de Lausanne, le duc de Savoie, & les deux cantons de Berne & de Fribourg comptés pour un seigneur.

Le premier étoit seigneur de la ville de Lausanne, des quatre paroisses de la Vaux, d'Avanche & de Vevay. Les cantons de

Berne & de Fribourg possédoient en commun les trois bailliages d'Orbe, de Grandson, & de Morat. Le duc de Savoie possédoit tout le reste, qu'il gouvernoit par un grandbailli joint aux Etats du pays qui s'assembloient à Moudon. Ces Etats contenoient quatorze villes ou bourgs, dont les principaux étoient Moudon, Yverdon, Morges, Nyon, Romont, Payerne, Estavayer & Cossonay. Mais tout le pays de *Vaud* passa sous la puissance de Berne dans le tems de la réformation.

Le duc de Savoie s'avisa pour son malheur, de commencer par chagriner les Genevois, au sujet de leur changement de religion. La ville de Berne lui envoya des députés pour le prier de laisser à Geneve, le libre exercice de la religion qu'elle avoit choisie. Les députés n'ayant rien pu obtenir, les Bernois leverent des troupes, entrerent en armes sur les terres du duc, & dans moins de cinq semaines, ils s'emparerent, non-seulement de ce qu'il possédoit dans le pays de *Vaud*, mais pénétrerent encore dans l'intérieur de la Savoie. Cette conquête se fit en 1536 sur Charles, duc de Savoie, qui avoit été dépouillé de ses Etats par François I. Enfin par la médiation des autres cantons Suisses, les Bernois remirent au duc tout ce qu'ils lui avoient pris au-delà du lac de Geneve, à condition qu'ils demeureroient à perpétuité possesseurs du reste, dont ils sont encore aujourd'hui souverains. Comme ils s'étoient aussi emparés de la ville & de l'évêché de Lausanne, ils en garderent la possession, & abolirent généralement le culte de l'église romaine dans toutes leurs conquêtes.

Rien de plus agréable que les deux quartiers du pays de *Vaud*, qui sont à droite & à gauche du lac de Geneve. On admire ses riches & charmantes rives où la quantité des villes, le peuple nombreux qui les habite, les côteaux verdoyans & parés de toutes parts forment un tableau ravissant, terminé par une plaine liquide d'une eau pure comme le crystal; pays où la terre par-tout cultivée, & par-tout féconde, offre aux laboureurs, aux pâtres, aux vignerons, le fruit assuré de leurs peines, que ne dévore point l'avide publicain. On voit le Chablais sur la côte opposée; pays non moins favorisé de la nature, & qui cependant n'offre aux regards qu'un spectacle de misere. On distingue sensiblement les différens effets des deux gouvernemens pour la richesse, le nombre & le bonheur des hommes. C'est ainsi que la terre ouvre son sein fertile, & prodigue ses trésors aux heureux peuples qui la cultivent pour eux-mêmes. Elle semble sourire & s'animer au doux spectacle de la liberté; elle aime à nourrir des hommes. Au contraire, les tristes masures, la bruyere, les ronces & les chardons qui couvrent une terre à demi-serte, annoncent de loin qu'un maitre absent y domine, & qu'elle donne à regret à des esclaves, quelques maigres productions, dont ils ne profitent pas.

VAUMARCUS, baronie dans le comté

de Neuchâtel. Les barons y exercent la haute & basse jurisdiction. Il y avoit anciennement des barons de ce nom, maintenant elle appartient à l'ancienne famille de Buren de Berne. Elle est renommée par la défaite qu'y essuya Charles le Hardi, duc de Bourgogne, connue sous le nom de *bataille de Grandson*.

VAURUZ, en allemand *Thalbach*, bailliage du canton de Fribourg en Suisse, acheté en 1538 des nobles de Champions. Il n'y a rien de remarquable, & son étendue est peu considérable.

VAUX, *la*, pays de Suisse, dans le canton de Berne. C'est le quartier de pays qui se trouve entre Lausanne & Vevay. Il a trois lieues de longueur, & une de largeur. Ce pays est fort raboteux, c'est proprement une chaîne de collines, dont la pente est rude, & qui s'éleve dès le bord du lac de Geneve l'espace d'une lieue de largeur. Au-dessus de ces collines, on se trouve dans un pays solitaire, entrecoupé de bois, de champs & de prés. C'est l'extrêmité du Jura, qui est une forêt de 3 à 4 lieues de longueur, & de deux lieues de largeur, sur une montagne, entre Lausanne & Moudon; on la traverse dans sa largeur, quand on va de l'une de ces deux villes à l'autre. C'est-là la grande route de France en Allemagne.

Le pays de *la Vaux* n'est, pour ainsi dire, qu'un seul vignoble, qui porte le meilleur vin du canton de Berne. Il est partagé en quatre paroisses, nommées *Lutry*,

Cully, *S. Saphorin*, & *Corsier*. On voit dans le temple de S. Saphorin une colonne antique, avec l'inscription suivante, faite à l'honneur de l'empereur Claude l'an 46 de Jesus-Christ. *Tit. Claudius Drusi F. Cæs. Aug. Germ. Pont. Max. Trib. Pot. VII Imp. XII. P. P. Cos. IIII. F. A. XXXVII.*

UCHTLAND, d'autres disent OEchtland, ce qui paroit aussi être le vrai nom, à en juger par un acte de 1173. dans lequel on parle d'un Ulricus & d'un Otto de Ochtlandia. On donne ce nom à une partie des cantons de Berne & de Fribourg. Ces deux capitales sont situées dans le district & en ont pris très-souvent le nom, sur-tout celle de Fribourg pour la distinguer d'avec la ville de Fribourg en Brisgau. L'on ne sait pas les bornes de ce pays, elles mériteroient cependant d'être recherchées.

VERRIERES, grand village & mairie de la principauté de Neuchâtel, sur les frontiéres de la Franche-Comté, à deux lieues de Pontarlier. Cette mairie comprend encore les villages des Bayards, de la Côte aux Fées & une multitude de maisons détachées. Les pâturages considérables que l'on a dans ce pays, sont la principale richesse des habitans. L'on y fait une grande quantité d'excellens fromages, dont l'exportation fait à peu-près la seule branche considérable du commerce de cette contrée, & fournit à les habitans les moyens de se procurer les denrées nécessaires à la vie, que la rigueur du climat & leur sol marécageux leur refusent.

VEVAY, bailliage du canton de Berne en Suisse, très-riche en vignobles. Il fut déjà conquis en 1474, sur la maison de Savoye, mais rendu ensuite; & ce n'est qu'en 1536, qu'il passa tout-à-fait sous la domination Bernoise par droit de conquête.

Il y a beaucoup d'endroits considérables dans ce bailliage. La ville de *Vevay* est grande & bien bâtie. Elle est ancienne. Le *Viviscum de l'Itineraire* d'Antonin ne peut-être autre chose. Il y a un college pour l'instruction de la jeunesse, qui est le plus considérable de tous ceux du pays de Vaud, après celui de Lausanne.

Il se fait dans cette ville un commerce considérable en fromages, & il y a des tanneries qui sont en bon état. Il y a aussi une fabrique d'horlogerie & en joüaillerie, & on recherche beaucoup les chapeaux qui s'y fabriquent. La basse jurisdiction sur la ville n'a été acquise au canton que long-tems après la conquête. Elle jouit de très-beaux privileges. A un coup de canon à l'orient de *Vevay* on voit la tour de Peyl, petite ville située au bord du lac qui fait un même corps d'église avec *Vevay*, quoiqu'elle en soit séparée à l'égard du gouvernement civil.

Chillon étoit un château fort, dans le lac de Geneve; il a communication avec la terre ferme au moyen d'un pont levis. Il a été bâti en 1238, par Amé de Savoye, & commande entiérement le passage qui y est fort étroit. Le baillif de *Vevay* y résidoit jusqu'en 1733, que son domicile fut transporté à *Vevay*.

Dans le bailliage de *Vevay* se trouvent la baronnie du Châtelard & la terre seigneuriale de Blonay. Le château du Châtelard est un vaste édifice très-ancien. Bâti sur le sommet d'une colline fort élevée, entourée de trois côtés d'un vignoble considérable qui produit le meilleur vin de cette contrée, il a une vue charmante & fort étendue. L'abord de ce château étoit très-difficile, mais dans ces derniers tems, son possesseur y a fait établir un beau chemin qui y conduit dès le bord du lac, en serpentant la colline par où il n'y en avoit aucune trace, & où même un tel projet auroit été jugé d'abord impraticable au travers des rochers couverts de ronces, qui ne présentoient qu'un précipice. Pour en conserver la mémoire, & par reconnoissance pour l'ingenieur qui l'a fait exécuter, la baronne du lieu a fait mettre une inscription dans le chemin même; son nom, celui de cet ingénieur & la date de cet établissement, apprendront à la postérité à qui elle en est redevable.

VIERDOERFER, un des hochgerichts de la ligue Caddée aux Grisons en Suisse, composé des quatre villages de Zizers, Igis, Trimmis & Untervaz. La maison d'Aspremont étoit anciennement la maîtresse de cette contrée. Les évêques de Coire lui ont succédé. Déja en 1440, il y eut une alliance conclue entre ces quatre villages & la ligue Grise. Les habitans se sont ensuite rachetés de cet évêché. Zizers est un bourg assez considérable, bien bâti & agréablement situé. Les environs sont fertiles en grains, en vin & en fruits. Otton I. empereur, l'avoit légué à l'évêché de Coire. Les habitans sont de religion mixte; les réformés ne s'y sont établis que depuis 1612. A la montagne de Maftrils, il y a des eaux minérales qui charient du vitriol, de l'alun & du cuivre.

Le district d'Igis est habité par des réformés; il est assez sauvage, cependant fertile en pâturages. C'est ici qu'est situé le château de Marschlins de la famille de Salis. Il est vieux & fut donné en fief par l'évêque de Coire à Albert & Otton, ducs d'Autriche, en 1337, dès-là, il est parvenu aux comtes de Toggenbourg, & enfin à la maison de Salis.

La commune de Trimmis est de religion mixte. Elle a conclu une alliance avec la ville de Coire & la ligue-Haute, en 1440.

Celle d'Untervaz est aussi de religion mixte. Chacune de ces quatre communes a une justice inférieure, une cour criminelle, une cour matrimoniale, &c. A la tête des quatre se trouve un landamman, qui réside à Zizers.

VIERWACHTEN & WIPKINGEN, bailliage du canton de Zuric, gouverné à tour par deux membres du petit conseil, non tenus à résidence. Il a son nom des quatre villages, Fluntern, Hottingen, Ober & Unterstrass. Il est très-peuplé. Les habitans font fous la banniere de la ville. Les différens villages dont il est composé, sont parvenus successivement au canton. Le premier baillif a été établi en 1418. Il y a dans son enceinte plusieurs très-belles campagnes, entr'autres celle de Bekenhofen, un hôpital de S. Maurice à la Spannweid, avec des eaux minérales, nommées le *Roeslibad*, le *Zurichberg*, montagne très-cultivée, sur laquelle il y avoit des chanoines de l'ordre de S. Augustin, &c. *Wipkingen* est vieux. Charlemagne confirme dans un acte de l'an 810, la donation qui en avoit été faite par ses prédécesseurs au Fraumunster à Zuric. L'église de *Wipkingen* est une annexe de la cathédrale de Zuric. Le village a été annexé au bailliage de *Wierwacten* l'an 1636.

VILLENEUVE, petite ville à la tête du lac de Geneve. Elle est ancienne, ce qui se prouve par les inscriptions qu'on y a trouvées. On croit que c'est le Pennilucus des anciens. Il y a là un riche hôpital qui fut fondé par Amé V. comte de Savoye l'an 1246. Les Bernois y entretiennent un hôpitalier. Il y a aussi dans cet endroit une tres-belle pêche de truites dont on tire une grosse rente. Il ne faut pas confondre *Villeneuve* avec Noville, petit village du gouvernement d'Aigle, près de l'endroit où le Rhône se jette dans le lac. Cependant cette erreur est presque généralement reçue.

La paroisse de Montreux est très-curieuse aussi, sur-tout la commune de Vaitaux qui est extraordinairement riche en biens publics. Il s'y fait un grand commerce en fromages, en vacherins, en vin & en bois. On trouve sur les hauteurs un rocher creux où il se forme des stalactites d'une blancheur éclatante & de la dureté du caillou. On trouve aussi une grande quantité de tuf dans la commune des Planches, & les eaux y font des incrustations curieuses. Enfin, on a découvert près du château de Châtelard des antiquités assez remarquables, entr'autres un reste de colonnades & de pavés à la mosaïque.

Au-dessus de Blonay il y a une fontaine soufrée, dont on se sert avec succès.

Les baronies de Blonay & de Châtelard méritent aussi qu'on en fasse mention.

VISP, un des dizains du Vallais, il a dix lieues de longueur sur très-peu de largeur, le vallon étant étroit. Il est très-fertile en pâturages & arrosé tout de son long de la Vispa. Le gouvernement est à-peu-près comme celui des autres dizains de ce pays. *Visp* est le chef-lieu de ce dizain. Il y a dans ses environs des mines de cryftal, d'amianthe & de pierres de lavezzi. Grenchen est le lieu de naissance du fameux Thomas Plater. A Sass il y a deux passages dans le Milanois. Au pied de la montagne de Maggana ou Foe, se trouve une source, qui teint en rouge tout ce qu'elle touche.

UNDERWALDEN, canton de Suisse, le sixieme en rang ; il est nommé élégamment en latin *Subsylvania*. Ce canton est borné au nord par celui de Lucerne & par une partie du lac des quatre cantons, au midi par le canton de Berne, dont il est séparé par le mont Brunick, à l'orient par des hautes montagnes qui le séparent du canton d'Uri, & à l'occident par le canton de Lucerne encore.

Il est partagé en deux vallées qu'on peut nommer l'une *supérieure* & l'autre *inférieure*. Ce partage fait par la nature a donné lieu au partage du gouvernement; car quoi que pour les affaires du dehors les deux vallées ne fassent qu'un seul canton, cependant chacune a son gouvernement particulier, son conseil, ses officiers, & même ses terres. La vallée supérieure se divise en six communautés, & la vallée inférieure en quatre. Le terroir des deux vallées est le même, & ne diffère presque point de celui des cantons de Lucerne & d'Uri. Quoique les deux vallées ayent chacune leurs corps & leur conseil à part, elles ont établi pour les affaires du dehors un conseil général, dont les membres se tirent des conseils de chaque communauté.

Le canton *d'Underwalden*, est un canton catholique. Il ne possède point de bailliages en propre; mais il jouit avec d'autres cantons, des bailliages communs du Thourgau, de l'Ober Freyamter, de Sargans & du Rhein-Tal; & il nomme encore, comme les onze autres cantons, des baillifs dans les quatre bailliages d'Italie.

Arnauld de Melchtal, natif de ce canton, est

est un des quatre héros de la Suisse, qui le 7 Novembre de l'an 1307 arborerent les premiers l'étendard de la liberté, engagerent leurs compatriotes à secouer le joug de la domination d'Autriche, & à former une république confédérée, qu'ils ont depuis soutenue avec tant de gloire. Melchtal étoit irrité en particulier des horreurs de Grisler, gouverneur du pays, qui avoit fait crever les yeux à son pere. N'ayant point eu de justice de cette violence, il trouva des amis prêts à le venger; & ils taillerent en pieces un corps de troupes ennemies commandées par le comte de Strasberg. Tell tua Grisler d'un coup de fleche. Enfin le peuple chassa du pays les Autrichiens, & établit pour principe du gouvernement avenir la liberté & l'égalité des conditions. *v.* Suisse.

UNTERSEEN, petit bailliage du canton de Berne en Suisse. Les nobles d'Oberhofen de Ried, de Wædenschweil, les ducs d'Autriche, les comtes de Kibourg, les barons de Brandis, les nobles de Hallweil, les comtes de Hohenzollern en furent successivement les maîtres. Ces derniers vendirent leurs droits au canton de Berne en 1400. Le bailif a le nom *d'avoyer*.

La petite ville *d'Unterseen* est bien située; Berne la prit déja, en 1337, sous sa protection. Elle a des priviléges assez considérables, entr'autres celui de se choisir son pasteur.

La seigneurie d'Unspunnen fait partie de ce bailliage. Elle fut vendue au canton de

Berne sur la fin du XIV°. siecle, mais il la céda à Louis de Settingen & Nicolas de Scharnachtal ses citoyens. Berne la racheta en 1479 & en 1515.

La vallée de Habkeren est très-isolée, elle appartenoit anciennement à Pierre Senn & Pierre de Bach, qui la vendirent & léguerent au couvent d'Interlacken. Le vallon est fort étroit, mais très-remarquable par les productions de la nature. Il y a des mines d'argent, de cuivre & de vitriol, beaucoup de terres grasses & minérales de toute espece de couleurs, des pierres de spath & de quartz, un grand nombre de petites cornes d'ammon minéralisées. On y a aussi établi une fabrique de verre.

URDORF & BIRMENSTORF, bailliage du canton de Zuric, affecté à deux membres du petit conseil, qui le gouvernent à tour sans être tenus à résidence. Le canton l'acquit peu-à-peu, & il exerce actuellement la basse jurisdiction de moitié avec l'abbaye de S. Blaise à la forêt noire. Il n'a rien de remarquable.

URI, canton de Suisse le plus méridional, le quatrieme entre les treize, & le premier entre les petits qui *vacatim habitant*; c'est-à-dire, qui n'ont que des villages & des bourgades pour habitation. Il est borné au midi par les bailliages d'Italie, au levant par les Grisons & le canton de Glaris; au couchant par le canton d'Underwalden, & une partie du canton de Berne. Le pays *d'Uri* est proprement une longue vallée d'environ 25 mille pas, entourée de trois côtés des hautes montagnes des Alpes, & arrosée par la Reuss, qui prend sa source au mont S. Gothard.

Ce canton peut être regardé comme le séjour ancien & moderne de la valeur helvétique. Les peuples qui l'habitent sont les descendans des Taurisques. *Taurisci*, & n'ont point dégénéré du mérite de leurs ancêtres. *Uri* a prit pour armes une tête de taureau sauvage, en champ de sinople.

Ce canton n'a qu'un seul bailliage en propre; mais les bailliages d'Italie lui appartiennent en commun avec les autres petits cantons. Quoique situé plus avant dans les Alpes que ses voisins, cependant il est plus fertile qu'eux, & les fruits y sont plutôt mûrs, à cause de la réverbération des rayons du soleil qui se trouvent concentrés dans des vallons étroits; & les montagnes fournissent des pâturages pour une grande quantité de bétail.

Le gouvernement est à-peu-près le même que dans les autres petits cantons qui n'habitent que des villages; savoir, Schwitz, Underwalden, Glaris & Appenzell. L'autorité souveraine est entre les mains de tout le peuple, & dès qu'un homme a atteint l'âge de seize ans, il a entrée & voix dans l'assemblée générale. Ces assemblées se tiennent ordinairement en rase campagne; on y renouvelle les charges, on y fait les élections, & le président de l'assemblée est au milieu du cercle avec ses officiers à ses cô-

P 2

tés, de bout & appuyé sur son sabre. On forme aussi ces assemblées extraordinairement quand il s'agit d'affaires importantes, comme de traiter de la guerre & de la paix, de faire des loix, des alliances &c.

Les peuples de ce canton vivent frugalement; leurs manieres sont simples, & leurs mœurs sont honnêtes. Leur chef s'appelle *amman* ou *landamman*, & est en place pendant deux ans. A cet amman ils joignent une régence pour regler les affaires ordinaires, & celles des particuliers. La régence *d'Uri* se tient ordinairement à Altdorff, qui est le lieu le plus considérable du pays. Ce canton est catholique: il a été d'abord soumis à l'abbaye de Vettingen, mais il racheta cette soumission par de l'argent, & il dépend aujourd'hui, pour les affaires ecclésiastiques, de l'évêque de Constance; cependant on y décide quelquefois des causes matrimoniales dans les assemblées générales du pays.

URNEN, une des portions dans lesquelles le canton de Glaris est partagé, on les nomme *Tagwen*. Elle est partagée en deux.

Nider-*Urnen* a été conquis en partie par ceux de Glaris en 1386, & reçu dans leur confédération. Les habitans le racheterent en 1605, des droits que l'abbaye de Schaennis avoit sur eux. Le pays est très-fertile en grains & en fruits, on y cultive même du vin. Les bains de Nider-*Urnen* sont renommés à cause de la légéreté des eaux. En hyver elles sont si chaudes qu'on ne peut les boire sans les laisser refroidir. Elles sont très-restaurantes & fortifiantes. La proximité des bains de Pfeffers fait, que les étrangers ne fréquentent pas celles-ci. Près du pont de Tuiles, (Ziegel-brück), il y a un grand dépôt de marchandises.

La partie d'Ober-*Urnen* n'a rien de remarquable que les champs de Rauti sur lesquels les Autrichiens furent battus en 1352. par ceux de Glaris.

URSEREN, vallon très-curieux dans le canton d'Uri, près du S. Gothard. On y parvient en passant par l'Urner-loch, passage taillé dans le roc de 80 pas de longueur, & assez haut pour qu'un cavalier y puisse passer sans mettre pied à terre. Ce vallon est beau, plein de pâturages les plus riches. La Reuss y perd toute sa force, & parcourt ce vallon comme une riviere tranquille. Il a trois lieues de longueur sur une de largeur. Il n'y a point de bois, cependant les hyvers y sont très-longs & très-durs, on ne se chauffe qu'avec des bruyeres : la seule forêt qu'il y a, consiste dans un très-petit nombre de sapins, on n'y touche jamais. Elle sert de boulevard contre les avalanches. Les habitans sont réduits à nourrir du bétail, celui-ci & ses produits, sont leur unique richesse. Les fromages d'*Urseren* sont recherchés, le bétail est grand & beau. Les habitans sont bien faits, polis & éclairés. Il n'y a aucun pauvres entr'eux, & tous jouissent de la plus parfaite liberté. Ils appartenoient anciennement à l'Empire, mais le monastere de Disentis, acquit des droits sur eux. L'empereur y envoyoit un baillif pour exercer la jurisdiction. Les comtes de Rapperschweil avoient ce droit en fief. Il passa à la maison d'Autriche avec le péage. Celle-ci donna ces droits en fief à la maison de Hospital. Louis IV les ôta en 1317 à cette famille, & les donna à celle de Moos. En 1410, les habitans conclurent un traité avec le canton d'Uri, & se rendirent volontairement à lui sous la réserve de leurs droits. Ce traité a été renouvellé en 1650, après que les habitans se furent rachetés en 1649 de l'abbaye de Disentis. Ils choisissent leur conseil, leur amman & autres magistrats. Les appels se portent à Altdorf. Les causes criminelles s'instruisent dans le pays, le canton d'Uri envoye alors deux conseillers pour assister au jugement que le conseil de la vallée porte, après que ces députés leur ont dit l'avis du conseil à Altdorf. Voyez encore ANDERMATT & S. GOTHARD.

UTZNACH, bailliage des cantons de Schwitz & de Glaris en Suisse. Il y a à-peu-près quatre lieues de longueur sur presqu'autant de largeur, & touche en partie au lac de Zuric. Il y a beaucoup de pâturages, on y cultive aussi du vin & quelque peu de grains. Les belles forêts font un grand objet de commerce dans ces contrées. Les comtes de Toggenbourg le possèderent depuis 1190. En 1436, la femme de Frédéric, comte de Toggenbourg, le céda au canton de Zuric; mais les habitans s'oppoſerent & furent ſoutenus par les cantons de Schwitz & Glaris. Les héritiers de ce comte l'hypothéquerent enfin en 1438, à ces deux cantons, & le leur vendirent en plein en 1469. Les habitans ſont tous de la religion catholique & du dioceſe de Conſtance. La paroiſſe de Gauen ſeule, eſt du dioceſe de Coire.

Les deux cantons y envoyent à tour un baillif de deux en deux ans, qui n'eſt pas tenu à réſidence. La partie catholique du canton de Glaris, donne ſeule un baillif de la part de ce canton, de même qu'à Gaſter. Il y a un Unter-Vogt, qui eſt vicaire du baillif, un land-amman & un ſecrétaire baillival. Ils n'ont que voix conſultative. Il y a en outre un conſeil & une juſtice inférieure, un land-gericht, &c. Les habitans ont de beaux priviléges, ils s'aſſemblent tous les deux ans ſous la préſidence du land-amman, pour les affaires de leur pays. Ils propoſent au ſindicat quatre ſujets pour la place de land-amman, & nomment le *ſecrétaire-baillival.* Ils ſont ſujets à quelques impots, reſtes de l'ancienne ſervitude. Les ſentences criminelles ſe donnent par les cantons mêmes.

La ville d'*Utznach* eſt petite. Elle a été fondée par Kraſto, comte de Toggenbourg, enſuite elle a été remiſe au monaſtere de l'ordre du S. Antoine juſqu'en 1513. Elle a été conſumée preſque toute entiere par les flammes en 1762. Mais on l'a rebâtie plus belle qu'elle ne l'a été. Près d'Ermenſchweil, il y a des eaux sulphureuses assez fréquentées. Au Goldenenthal il y a une caverne nommée *Cham*, qu'on croit mener à une mine d'or, mais la partie saine du public n'en croit rien.

VUIPPENS, en allemand Wippengen, bailliage du canton de Fribourg en Suisse, appellé ci-devant le bailliage d'*Everdes* ou de *Grunenberg* de la seigneurie de ce nom, conquise en 1476. Le reste de ce bailliage a été acquis par portions, par droit d'achat, la seigneurie de *Vuippens* a été incorporée à ce bailliage l'an 1547, & lui donne actuellement le nom. Il n'y a de remarquable que le monastere de Marcens ou Humilimont, de l'ordre des prémontrés, fondé en 1136, & incorporé en 1580 au college des jésuites à Fribourg.

WAEDENSCHWEIL, bailliage considérable du canton du Zuric & extraordinairement peuplé. Il y a au moins deux mille ames sur une lieue en quarré. Les habitans sont grands, robustes & vifs. Une grande partie du terrain est de la plus grande fertilité en grains, en pâturages, en fruits & en vins. On y travaille beaucoup en soye, en coton, en indiennes, en mousselines, &c. Le vin, le cidre, l'eau de cerise, le bétail, le fromage, le beurre sont des grands objets d'exportation.

Cette seigneurie avoit des barons de son nom, elle passa en 1287, dans l'ordre de S. Jean de Jérusalem & en devint une commanderie. Cet ordre acquit aussi en 1408 une partie des droits qu'avoit le canton de

Zuric sur cette seigneurie, & ce canton ne se réserva que le jus collectandi & ses revenus. L'ordre vendit à son tour tous ses droits au canton l'an 1549. Le commandeur contracta en 1342, un droit de bourgeoisie avec Zuric. Les habitans se revolterent en 1646, & perdirent à cette occasion une partie de leurs priviléges. Le baillif qui y est établi pour six ans, gouverne en même tems au nom des cantons de Zuric & de Berne, le village de Hurden avec une petite langue de terre réservée en 1712, à ces deux cantons. Richtenschwyl fait un village très-considérable, égal à celui de *Waedenschweil*: il y a un beau port & un entrepôt de marchandises. Il y a aussi de bons couteliers.

WAHLESTATT *ou* WAHLENSTATT, ville de la Suisse à quelque distance du lac de même nom, & le chef-lieu d'un bailliage compté au nombre des bailliages communs, dépendans des cantons protestans, & du canton de Glaris. Cette petite ville se nomme aussi *Riva*, & est sur la grande route de la Suisse & de l'Allemagne, pour aller au pays des Grisons. Ses habitans ont leur conseil & leur chef, qu'ils nomment *Schuldtheïs* ou *Avoyer*.

Le lac de *Wahlestatt* est bordé de trois souverainetés: savoir, du canton de Glaris, du comté de Sargans, & du bailliage de Gaster. Ce lac s'étend d'orient en occident environ cinq lieues, sur une bonne demi-lieue de largeur; il est environné de montagnes & de rochers, au nord & au midi.

WALDENBOURG, bailliage du canton

de Bâle, en Suisse, pays fertile en grains, en fruits, en vins & sur-tout en pâturages. Les évêques de Bâle, seigneurs suzerains du landgraviat de Sissgeu, donnerent cette seigneurie en fief aux comtes de Frobourg. A leur extinction l'évêque rentra en possession & l'hypothéqua aux ducs d'Autriche. Elle fut liberée en 1392, & vendue en 1400 à la ville de Bâle par Humbert de Neuchâtel évêque de Bâle. Cette vente a été confirmée par les papes. Le bailliage est assez étendu & renferme plusieurs endroits remarquables & des restes d'antiquités. *Waldenbourg*, petite ville avec un château résidence du baillif, dont la préfecture est de 8 ans. Il y a un grand passage de marchandises d'Allemagne. Elle donne son nom à une des classes dans lesquelles le clergé du canton est partagé. La Oberhauenstein, partie du Jura, à travers duquel on a pratiqué un chemin commode & beau. Schœnthal, ancien couvent fondé en 1145, par les comtes de Frobourg, & ruiné en 1525 par les paysans.

Les bains d'Oberdorf, rétablis au XVII siecle, dont les eaux sont légéres. Les bains de Bubendorf rétablis en 1764, dont les eaux sont aussi légeres que celles de Pfeffers, & un peu savoneuses, sont employés avec succès pour fortifier les membres.

WALDSTÆDTE. On donne ce nom en Suisse aux cantons de Lucerne, Uri, Schwitz & Underwalden, probablement à cause de la quantité de forêts qu'il y a dans ces contrées. Ce district forme aussi le plus étendu des chapitres ruraux de l'évêché de Constance. Il ne faut pas les confondre avec les villes foretieres, *Waldstaedte*, qui appartiennent à la maison d'Autriche, & qui sont voisines de la Suisse. Ce sont les villes de Laufenburg, Waldshut, Seckingen & Rheinfelden.

WALLENSTADT, petite ville située ci-devant sur les bords du lac de ce nom; maintenant, elle en est à quelque distance, les eaux du lac s'étant retirées. Il y a apparence qu'elle a été une *Statio* des Romains; sa situation avantageuse pour réprimer les Rhétiens le fait croire. Cette ville a son propre magistrat. L'advoyer est établi par le baillif de Sargans qui le choisit entre trois sujets que la bourgeoisie lui propose. Elle jouit de beaux priviléges, & il y a un entrepôt de marchandises très-considérable. Elle fut conquise en 1460 par les cantons d'Uri, Schwitz & Glaris, lesquels reçurent en 1462 dans la co-régence les cantons de Zuric, Lucerne, Underwalden & Zoug, qui l'incorporerent au bailliage de Sargans.

WALTENSPURG *sur la forêt*, un des hochgerichts de la ligue-Grise aux Grisons en Suisse, composé des jurisdictions de *Waltenspurg*, Laax & Ubersax, dont chacune envoye un député aux assemblées de la ligue & à celles de toute la république.

Waltenspurg, est dans une contrée fertile en grains. Les habitans sont réformés & parlent le romansch. Sur la montagne de

Vepehio, il y a des bains dont les eaux sont d'un froid insupportable; on s'en sert dans quelques cas, sur-tout pour les maniaques. Cette commune s'est rachetée des droits que l'abbaye de Disentis avoit sur elle.

Uberfax est fertile en pâturages. Les habitans sont catholiques & parlent l'allemand lépontin.

Laax est séparé d'Uberfax, par le hochgericht de Grub. Les habitans étoient soumis aux barons de Vaz, ensuite aux comtes de Werdenberg. Ils se rachetèrent de cette maison en 1424. Cependant il faut qu'ils ayent déja précédemment joui de plusieurs priviléges. Car on nomme cette commune dans le langage du pays *ils commüns dals libers*, la commune des libres.

WANGEN, bailliage très-considérable du canton de Berne, en Suisse. On prétend que c'étoit anciennement un comté; l'on sait du moins, qu'après avoir passé par plusieurs mains, elle fut vendue au canton de Berne en 1407, par les Grimm de Grunenberg. La seigneurie de Rohrbach n'a été achetée qu'en 1504, & jointe au même bailliage. Le baillif réside à *Wangen*, petite ville où il y avoit anciennement un prieuré. A Herzogenbuchsée grand & beau village il y avoit un demi college de chanoines avec un prévôt, fondé par les ducs de Zæringen, soumis au couvent de saint Pierre à la forêt noire. Tous les droits de cette abbaye ont été vendus par elle au canton de Berne en 1557. Il paroit que ce village est très-ancien, au moins y a-t-on trouvé plusieurs antiquités romaines & même un pavé à la mosaïque. Nous avons parlé de Langenthal dans un article particulier.

WEGGIS, bailliage du canton de Lucerne, en Suisse, séparé du reste de ce canton, très-fertile en grains, en fruits & en jardinage. Il avoit anciennement des seigneurs de ce nom. L'abbaye de Pfeffers posséda cette seigneurie & la céda à titre de fief à la maison d'Autriche. Les maisons de Ramstein & de Hartenstein acquirent ce fief avec tous les droits de souveraineté, & le canton de Lucerne acquit leurs droits en 1380. En 1433 les Suisses jugerent des difficultés qui s'étoient élevées entre le canton de Lucerne & ceux de *Veggis*, & lui adjugerent la souveraineté pléniere. On prétend que les bornes entre l'ancienne Thurgovie & l'Argovie étoient à *Weggis*. Les environs de ce village sont très-beaux & très-fertiles, il y a des vignes, des figuiers, des amandiers, &c. on y cultive beaucoup de fleurs qui font même un objet de commerce. Les bains de Lutzelau sont renommés: ils charient de l'alun & du soufre. On s'en sert avec succès contre des obstructions, des catharres, la jaunisse, les ulcères & dans plusieurs maladies du sexe. Rennward Cysat en a donné une description détaillée qui n'a pas été publiée.

WEINFELDEN, bailliage du canton de Zuric, dans la Thurgovie en Suisse, considérable par son étendue & par l'autorité du baillif, qui est en même tems capitaine du quartier de *Weinfelden*, ce qui veut dire commandant de la milice du quartier, & que c'est chez lui que se tient l'assemblée de tous les commandans des différens quartiers. Le canton acheta cette seigneurie en 1614, & la garda malgré les oppositions de plusieurs autres cantons, vû que ceux-ci avoient dessein de diviser la Thurgovie en deux bailliages, & que le baillif d'une de ces parties resideroit à *Weinfelden*. Le bourg de *Weinfelden* est un des plus peuplés de la Thurgovie; on y cultive du vin, des grains, du lin, &c. il y a du commerce, sur-tout un grand marché de bled chaque semaine. Les artisans y gagnent beaucoup; aussi en trouve-t-on là de bons. Cette seigneurie est composée de trois justices inférieures, (*gericte*), *Weinfelden*, Birwinken & Bussnang.

WELLENBERG, bailliage du canton de Zuric dans la Thurgovie en Suisse. Il comprend deux seigneuries, celle de Huttlingen & celle de *Wellenberg*. Le canton acheta la premiere en 1694, & la seconde en 1701. Le baillif reside à *Wellenberg*, la durée de sa préfecture est de neuf ans. Le château de *Wellenberg* jouit d'une des plus belles vues du pays.

WERDENBERG, ancien comté appartenant au canton de Glaris seul, duquel il est séparé par le bailliage de Sargans. Il est assez petit & peut avoir 1000 à 1200 hommes portant armes. Mais il est très-fertile, sur-tout en pâturages, & on y fait un grand commerce en bétail & en chevaux. En hyver les habitans s'occupent à filer du coton. Ils font tous de la religion réformée.

On ne connoit que trop dans l'histoire Suisse les anciens comtes de *Werdenberg*, si puissans & si inquiets. Les barons de Mosax possederent ce comté au XVe. siecle. Ils le vendirent en 1485 au canton de Lucerne, celui-ci aux barons de Castelwart en 1493, & ceux-ci en 1498 aux barons de Hewen; le canton de Glaris en 1517. Les habitans paroissent être assez inquiets; ils se sont revoltés plusieurs fois, sur-tout en 1525 & en 1719, & le canton fut obligé d'user de force pour les reduire. Les habitans protestans du canton de Glaris y envoyent seuls un baillif, qui se change de trois en trois ans. Les causes criminelles se jugent à Glaris même. Les causes civiles se décident par une justice inférieure; il y a appel par devers le baillif & de-là au conseil à Glaris. Le baillif reside au château de *Werdenberg*, où il y a un arsenal assez bien pourvu. Le baillif a le droit de chasse & de pêche; il y a un petit lac très-poissonneux, & des eaux soufrées sur les frontieres du Toggenbourg.

La seigneurie de Wartau, qui est dans le comté de Sargans est attachée à ce bailliage, & a été acquise en même tems que celui-ci.

WETTSCHWEIL & BONSTETTEN, bailliage du canton de Zuric. Deux conseillers le gouvernent à tour. Ils ne sont pas tenus à résidence. *Wettfchweil* a été vendu en 1466 à la ville de Zuric par Gaspar Effinger, lequel l'avoit acheté la même année du monastere d'Engelberg. Bonstetten appartenoit aux barons de Bonstetten, ensuite à la famille Zoller, enfin à celle de Holzhalb, qui le vendit en 1539 au canton. Les barons de Seldenburen, fondateurs de l'abbaye d'Engelberg & bienfaiteurs de celle de S. Blaise à la forêt noire, avoient leur domicile dans le château de leur nom, situé dans l'enceinte de ce bailliage.

WIEDIKON, bailliage du canton de Zuric en Suisse, régi à l'alternative par deux conseillers qui ne sont pas tenus à résidence. Il est tout près de la ville. Le canton l'acheta en partie en 1387 de Jean Schwend. Il fut incorporé à celui d'Altstetten & il n'en fut séparé qu'en 1492, lorsqu'il acquit l'autre partie. Au Hard il y avoit un beau pont sur la Limmat, dont le péage appartenoit aux barons de Regensperg. En 1343, il fut emporté par les eaux, & décidé qu'il n'y auroit à l'avenir aucun pont entre Zuric & Baden. Cette loi n'a plus lieu depuis que l'abbaye de Wettingen a été obligée d'en bâtir un beau, il y a quelques années. A S. Jaques sur la Syl il y a un hôpital pour les pauvres citoyens de Zuric. Cet endroit est aussi fameux par la bataille que les Zuricois & les Autrichiens leurs alliés y perdirent en 1444 contre les Suisses. Les habitans de *Wiedikon* sont de la paroisse de S. Pierre à Zuric, & ils concourent

courent avec les bourgeois à l'élection du ministre, du diacre, &c.

WILDENHAUS, paroisse de Suisse, dans le Toggenbourg, au Thoure-Thall, où elle a le rang de sixieme communauté.

WILLISAU, bailliage du canton de Lucerne, en Suisse. Il est fort étendu & fertile. Anciennement c'étoit un comté, les comtes de Valendys & ceux d'Arberg succederent dans la possession de ce comté; Guillaume d'Arberg le vendit en 1407 au canton de Lucerne. Tout le bailliage est rempli de ruines d'anciens châteaux occupés ci-devant de familles nobles. Le baillif pris dans le petit conseil de Lucerne regne quatre ans, & il est tenu à résidence tout comme le secrétaire de ville, dont la charge dure six ans. *Willisau* fait une petite ville assez bien située, souvent ruinée par des incendies. Elle a de beaux priviléges, un avoyer & d'autres places de magistrature, la jurisdiction civile sur un certain district. Le secrétaire de ville est tiré du nombre des membres du conseil souverain de la ville de Lucerne, & le grand-sautier du nombre des bourgeois de la même ville. Les autres places se donnent par le conseil de Lucerne à des bourgeois de *Willisau*. Elle est exempte de plusieurs charges que le reste du bailliage paye, & retire plusieurs revenus & droits. Elle est la place où doivent s'assembler les juges en cas des difficultés entre les huit anciens cantons & ceux de Fribourg & de Soleure. Elle donne son nom à un des cha-

Tom. II. Q

pitres du clergé du diocèse de Constance. A Eberfex, il y avoit un couvent de religieuses de l'ordre de citeaux, fondé par les comtes de Fribourg, & doté par la noblesse des environs. Sixte V l'incorpora au couvent de Rathhausen. Reyden est une commanderie de l'ordre de Malthe, donnée à cet ordre par les nobles d'Yffenthal & enrichie par les maisons de Hallwyl & de Buttikon. Elle est réunie à celle de Hohenrein. La seigneurie de Cattelen *fidei commis* de la maison de Sonnenberg à Lucerne, celles d'Altishofen & de Wyer, appartenantes à la famille de Pfyffer, & l'abbaye de S. Urbain.

WINDISCH, village de Suisse, au canton de Berne dans l'Argaw, à un quart de lieue de Königsfeld. Je parle de ce village, parce que c'est ici qu'il faut chercher les restes infortunés de l'ancienne *Vindonissa*.

Cette ville étoit forte par sa situation sur une hauteur, au confluent de deux rivieres rapides, larges & profondes; je veux dire l'Aar & la Reuss: on est surpris que personne ne se soit avisé dans les derniers siecles de rebâtir *Vindonissa*.

Les Romains en avoient fait une place d'armes, pour arrêter l'irruption des Germains, comme Tacite le rapporte, *liv. IV.* de son histoire: & c'est ce que nous apprennent encore divers monumens qu'on y a déterrés, comme des inscriptions, des cachets, & des médailles.

Il y a long-tems qu'on y voyoit cette inscription qui parle d'un ouvrage de Vespasien, *Imp. T. Vespasianus, Caf. Aug. VII. Cos. Marti Appolini Minervæ, Arcum Vican, Vindoniffenssis Curiæ* &c.

On y a trouvé des médailles de plusieurs empereurs, depuis Néron jusqu'à Valentinien. Vindonisse fut ensuite une ville épiscopale sous les premiers rois des Francs; mais Childebert II en transporta le siege à Constance, vers la fin du sixieme siecle, parce que la premiere de ces deux villes avoit été ruinée par les guerres, dans les tems de la décadence de l'empire romain.

Vindonisse a été un siege épiscopal, mais on ne sait point les noms de ceux qui ont tenu ce siege sous les empereurs romains. Il paroit seulement que cette ville ne fut ruinée qu'avec celles du plat-pays, par les armées de Théodebert, roi d'Austrasie, l'an 611. Depuis ce tems-là Vindonisse n'a jamais été rétablie, & son évêché est demeuré supprimé. Il étoit dans la province nommée *Maxima sequanorum*, sous la métropole de Besançon.

WINTERTHUR, la seule ville municipale du canton de Zuric en Suisse, qui mérite de l'attention. Elle a été fondée vraisemblablement par les comtes de *Winterthur* qui étoient une branche de ceux de Kibourg. Elle suivit le sort de ces derniers comtes; à leur extinction elle passa sous la domination de la maison d'Autriche. Rodolphe de Habsbourg lui donna en 1264 des priviléges fort étendus, & en 1275 des armes, deux lions de gueule dans un champ d'argent. Les ducs d'Autriche, auxquels cette ville rendit de tout tems des services très-considérables, amplifierent ces priviléges, & lui donnerent le droit d'établir elle-même un avoyer & conseil, lui accorderent le droit du glaive, & lui céderent tous les bamps, péages & revenus. En 1254, elle se lia déja avec la ville de Zuric, & en 1407, elle conclut avec elle un droit de bourgeoisie; mais les ducs d'Autriche la forcerent d'y renoncer. L'empereur Sigismond s'en empara en 1415, & la déclara ville impériale; mais elle rentra de son gré en 1442 sous la domination de ses anciens maîtres. Le duc Sigismond l'hypothequa en 1467 au canton de Zuric, & elle lui fut cédée entierement par les traités qui se sont ensuivis.

Elle a depuis 1436 un gouvernement fixe, deux avoyers élus par la bourgeoisie, un petit conseil, établi par le petit & le grand conseil, & un grand conseil qui s'établit par le petit. Le petit conseil gouverne les affaires civiles, ecclésiastiques & de police. Dans les affaires civiles il y a appel par devers le grand conseil. Les étrangers seuls ont le droit de recourir de ces sentences devant le petit conseil de la ville de Zuric. Dans les affaires criminelles les deux conseils jugent sans appel. Il y a aussi une justice inférieure, une chambre des comptes, un consistoire, &c. Elle a le droit de collature sur quatre pastorats & diaconats dans la ville, de six qu'il y a, & sur les cures de Seuzach, Pfungen &

Wulflingen. Elle a aussi, outre l'enceinte de la ville, la jurisdiction sur plusieurs villages des environs, comme Hettlingen, Ober *Winterthur*, Pfungen, Wyden, &c. Elle jouit de même, à certaines conditions, du droit de chasse.

Les écoles sont en bon état. Il y a une belle bibliotheque & un médailler considérable de médailles grecques & romaines. L'hôpital a été considérablement enrichi par l'incorporation du couvent de religieuses, nommé *die Sammlung*.

Les environs sont très-fertiles, & il s'y cultive de bons vins. La ville est très-commerçante, & il y a un grand nombre de fabriques de différentes espèces. Elle seroit plus florissante encore, si la jalousie de la capitale ne donnoit des entraves à l'industrie des habitans.

Il y a aussi des eaux minérales. Le Lœrlibad a trois sources. Ses eaux sont restaurantes, purifiantes & dissolvantes. Le Goldbach a pareillement trois sources, ses eaux sont dissolvantes.

Elle donne son nom à une des classes du clergé du canton de Zuric.

C'est aussi un bailliage du canton de Zuric. Il y avoit anciennement à *Winterthur* un college de chanoines, dit *Heiligenberg*, *Mons sacer*. Ulrich comte de Kibourg, évêque de Coire, en fut le fondateur en 1230. Hartmann son frere l'acheva en 1244. Et un autre près de Würflingen, nommé *Beerenberg*, du tiers ordre de S.

François, fondé en 1360. L'un & l'autre furent réformés en 1530 & changés en bailliage. Le baillif élû pour six ans, réside à *Winterthur*, mais il n'a aucune autorité sur la ville. Il assiste seulement au serment de fidélité que la bourgeoisie prête annuellement à la ville de Zuric. Il a aussi à exercer la basse jurisdiction de Nestenbach, & quelques autres dixmes & revenus à retirer.

WOLLISHOFEN, bailliage du canton de Zuric, gouverné à l'alternative par deux conseillers qui ne sont pas tenus à résidence. Jean Stucki le vendit en 1423 au canton de Zuric. Baldern étoit anciennement une forteresse assez considérable. A Selnau il y avoit un couvent de religieuses de l'ordre de S. Bernard, fondé en 1178 par les nobles de Basserstorf. Il fut ruiné en 1144, rétabli ensuite, & maintenant converti en un lazaret.

WYKEN, bailliage du canton de Lucerne en Suisse, conquis en 1415 sur la maison d'Autriche. Le canton acheta en 1476 la basse jurisdiction qui appartenoit aux nobles de Buttikon. Le baillif a le titre de Schlossvogt & est tenu à résidence, sa préfecture est de six ans. Le roc sur lequel est assis le château de Wyckon, est rempli de coquillages petrifiés.

WYL, un des bailliages de l'abbé de S. Gall, d'une grande étendue. La ville de ce nom en est le chef-lieu. Elle est vieille & assez mal bâtie, & passa des mains des comtes de Toggenbourg dans celles des abbés de S. Gall. Elle a un avoyer, un petit & grand conseil, &c. Les droits de l'abbé & les franchises de la ville, ont été définitivement réglées en 1733. Le baillif de l'abbé, & le land-haubtmann des quatre cantons protecteurs de l'abbaye, y ont leur résidence. Il y a aussi plusieurs couvens & une cour des appellations. Les affaires criminelles sont du ressort de l'abbaye, la ville n'y a rien à dire. Elle donne son nom à un des chapitres ruraux du clergé du diocese de Constance.

Y

YVERDON, *Ebrodunum*, la seconde des quatre bonnes villes du pays-de-Vaud dans la Suisse, canton de Berne, chef-lieu d'un bailliage qui comprend 24 paroisses & 20 terres nobles.

Cette ville est agréablement située dans une plaine, à la tête du lac de Neuchâtel, ou *d'Yverdon*, à l'embouchure de la riviere de la Thiele, qui y forme un très-bon port, & qui s'y partage en deux bras, faisant une isle dans laquelle la ville est placée; elle est accompagnée de deux fauxbourgs qui communiquent avec la ville par des ponts.

Cette ville est ancienne; la notice des provinces des Gaules, & la table Théodosienne en font mention sous le nom de *Castrum Ebrodunense*, & *Ebredunense*, ce qui désigne que c'étoit déja une place forte. Les romains y entretenoient un *Præfectus barcariorum Ebreduni Sabaudiæ*, ce qui ne peut se rapporter qu'à cette place, où subsiste encore aujourd'hui une très-ancienne & nombreuse societé, appellée la *compagnie des bateliers*, qui a ses reglemens pour la navigation, sa police & ses priviléges, avec un chef nommé *l'abbé* de cette compagnie.

Il est apparent qu'elle faisoit partie du *Pagus Urbigenus*, connu du tems de Céfar; elle fut enſuite enclavée dans la province Sequanoiſe, d'où elle paſſa ſous le royaume de Bourgogne; après cela elle appartint aux ducs de Zæringuen: Pierre de Savoye la prit par famine en 1259. Elle reſta ſous la domination de cette maiſon juſques en 1536. Elle éprouva de grandes calamités dans le XVe. ſiecle; elle eſſuya un incendie; enſuite une inondation entraina dans le courant de la riviere pluſieurs bâtimens, & même la maiſon de ville avec ſon artillerie, comme en fait foi un acte de Jaques de Savoye, comte de Romont, du 14 Janvier 1473. En 1475 elle fut aſſiegée & priſe par les Suiſſes, à cauſe des liaiſons que la maiſon de Savoie entretenoit alors avec le duc de Bourgogne. Le comte de Romont ſurprit de nouveau la ville le 12 Janvier 1476, mais n'ayant pu s'emparer du château, il ſe retira; les Suiſſes y rentrerent, & y avoient une garniſon de 200 hommes pendant le ſiege de Grandſon. Cette ville fut rendue à la maiſon de Savoye avec le reſte du pays-de-Vaud par le traité de paix conclu à Fribourg en 1476. Un acte émané du duc Philibert de Savoye, le 13 Juillet 1480, fait mention de la déſolation où cette ville infortunée avoit été réduite pendant cette guerre; amis & ennemis l'avoient également pillée; les Suiſſes déſignés tantôt ſous le nom d'*Allemans*, tantôt ſous celui de *Theotons* ou *Theutons*, l'avoient totalement réduite en cendres; les trois quarts des habitans avoient été forcés d'abandonner leur demeure, & d'aller errans çà & là dans la derniere misere: ce prince touché de ces malheurs, accorda de grandes faveurs aux habitans, pour les engager à revenir & a rétablir leur ville, ce qui eut son effet. Enfin en 1536 les troupes bernoises laisserent cette place en arriere, & n'en entreprirent le siege qu'au retour de leur expédition pour la conquête du reste du pays-de-Vaud, l'envisageant sans-doute comme la seule place en état de faire résistance, à cause des fortes murailles flanquées de tours, & des rivieres dont elle étoit, & dont elle est encore environnée; après un siege de quelques jours, la ville & le château se rendirent le 25 Février 1536, & depuis lors elle est demeurée sous la douce domination de la république de Berne, à l'ombre de laquelle elle a prospéré d'une maniere très-sensible; on peut en juger par la comparaison de deux dénombremens des familles qu'il y avoit dans ce bailliage, l'un de l'année 1564, l'autre de 1764, suivant lesquels il paroit que dans cet intervalle de 200 ans, la population auroit augmenté à peu-près de la moitié, & que le nombre des familles pauvres auroit diminué des deux tiers.

Des restes de fondemens de murs, & de tours presque indestructibles, qui paroissent avoir fait partie des murs de la ville, & qui existent à côté d'un des fauxbourgs, prouvent que cette ville s'étendoit anciennement beaucoup au-delà de son enceinte actuelle, ou que fon emplacement peut avoir changé à raifon des changemens furvenus dans les terrains où elle eft fituée, on y compte actuellement de cinq à fix cents familles, & environ 2200 habitans.

La police y eft adminiftrée par un petit & un grand confeil, compofés de 36 membres, dont le chef eft défigné fous le nom de *banneret*. *v.* BANNERET.

Il y a un grand & fort château flanqué de quatre tours, bâti à l'antique dans le XII°. fiecle, par Conrad duc de Zæringuen; deux faces de ce château donnent fur une grande & belle place publique, autour de laquelle on a rebâti depuis une vingtaine d'années un temple, une maifon de ville, & d'autres édifices neufs de bon goût qui l'embelliffent; à cette place aboutiffent les trois principales rues de la ville.

L'on y voit encore un bon college pour l'inftruction de la jeuneffe, un ancien hôpital, divers magazins, une bibliotheque publique placée dans la maifon de ville, qui a été formée depuis peu par les contributions de plufieurs particuliers généreux, & qui eft entretenue par leurs foins. Il s'y eft auffi formé en 1760 une focieté libre qui y recueille des charités volontaires très-abondantes deftinées à fupprimer la mendicité, & à retenir les pauvres dans les campagnes, en les y affiftant; cet établiffement, digne des plus grands éloges, a eu les fuccès les plus marqués; il a fervi de modele à plufieurs autres dans ce genre. Auffi long-tems que cette focieté fera libre, elle ne ceffera pas d'être utile.

Les environs de cette ville font très-agréables; de tous côtés ce font de belles promenades variées; on y remarque fur-tout celle qui eft près du port entre la ville, & le lac; elle eft ombragée de belles allées d'arbres qui attirent l'attention des étrangers; on obferve de cette promenade, appellée *derniere le lac*, une chofe finguliere, & peut-être unique dans ce genre; c'eft qu'en regardant contre le bas du lac, la vue fe perd dans les nues, & forme, au pied de la lettre, une véritable vue marine. Cette place qui s'aggrandit fenfiblement chaque année, donne lieu de foupçonner que très-anciennement, le lac s'étendoit peut-être à trois lieues plus haut, jufques à un endroit nommé *Entreroches*, & que le terrain intermédiaire, environné des côteaux voifins, & qui eft tout en plaine la plus grande partie marécageufe, pourroit bien avoir été formé par les terres, & les limons que différens torrens, qui y aboutiffent, y ont dépofés. Cette conjecture fe fortifie d'un côté, parce que par un nivelage très-exact pris en 1770, il paroit que depuis Entreroches jufqu'au lac fur une étendue de 5600 toifes ou 56000 pieds, il n'y a que 27 pieds de pente dans le tems que les eaux font hautes, ce qui fait moins d'un pied fur 2000; & d'un autre côté l'on a obfervé qu'en fouillant le terrain, on y trouve les différentes couches de limon, de feuilles, &c., qui s'y sont formées successivement. Au moment qu'on écrit cet article, on vient de trouver sous le fondement d'une vieille tour de la maison de ville, à la profondeur de 9 à 10 pieds, dans un lit de terre marécageux, un morceau de racine d'arbre à moitié pourri, autour duquel on voit très-distinctement des restes de coquillages, tels qu'on les trouve au bord du lac.

Au travers de cette plaine, & tout près de cette ville, on voit différentes chaussées qui paroissent avoir été établies dans les tems les plus reculés, dans la vue de former une communication d'un côteau à l'autre.

Tant que cette vaste étendue de marais a été possédée en indivision par les différentes communautés qui y aboutissent, on n'en a retiré presque aucun avantage; les fréquentes inondations, & l'eau qui y croupissoit, faute d'écoulement, le rendoient mal-sain, & presque inutile. Dès qu'on eut fait le partage, il y a 50 à 60 ans, les fossés que l'on y a creusés en ont changé totalement la nature : outre l'avantage inestimable de la salubrité de l'air, on en a fait d'abondans pâturages, & des prairies dont on retire un très-grand parti.

Près de la ville il y a une source très-abondante d'eau minérale, soufrée, naturellement tiede, dont l'analyse donne un foye de soufre qui surnage en flocons sur la surface de l'eau, un sel alcali fin, une terre absorbante très-fine, un sel neutre de la nature du tartre vitriolé, un peu de sel commun, enfin un principe sulphureux volatil. Le magistrat y a fait construire en 1730 un grand bâtiment à l'usage des bains qui étoient en usage depuis fort long-tems; ils sont très-salutaires pour guérir toutes les maladies de la peau, les maux de membres, & pour les playes; ils ont opéré des guérisons surprenantes; on use intérieurement de ces eaux avec succès pour les maux d'estomac causés par les glaires, & les aigreurs, pour la plupart des maux de poitrine, & les toux invétérées, pour les opilations, les pâles couleurs du sexe, les obstructions du bas-ventre, & les dartres.

A une petite lieue de-là, on trouve de la terre à foulon de très-bonne qualité, qui favorisoit la manufacture de draps qui y étoit anciennement établie; on s'en sert encore aujourd'hui avec succès.

On y voit aussi une blanchisserie considérable qui est en réputation, à raison de ce que l'on a reconnu que les eaux sont supérieurement bonnes pour le foulage, & le blanchissement des toiles de coton qui en sortent avec une blancheur éclatante.

En 1769 en creusant un terrain pour une cave, près des moulins de cette ville, on y découvrit plusieurs squelettes bien conservés, dont le visage étoit uniformément tourné à l'orient; ils étoient dans une couche de sable, sans qu'il y parût aucun reste de planche, ni de vestige d'aucun tombeau; ils avoient entre leurs jambes de petites urnes de terre ou de verre; elles étoient accompagnées de petits plats de terre, où il restoit encore des os de volaille bien conservés; les fragmens de ces plats sont en terre rouge, connue sous le nom de *terre sigillée*, à laquelle l'antiquité attribuoit diverses vertus; il s'est aussi trouvé à côté des squelettes quelques médailles en cuivre, & une en argent; elles sont du tems de Constantin, & antérieures; tous ces monumens sont déposés dans la bibliotheque publique.

On a aussi trouvé dans cette ville des médailles & des inscriptions; & on y voit encore une colonne milliaire avec une inscription bien conservée, dont voici la signification.

Imperatori Cæsari
Lucio Septimio Severo Pio
Pertinaci Augusto Arabico Adiabenico
Partico Maximo Patri Patriæ Consuli
Et Imperatori Cæsari Marco Aurelio
Antonino Pio Felici
Consulibus. . . . . . .
Urbs Aventicencis Elvetiorum.

XXI.

A deux lieues de cette ville, aux environs d'un village, nommé *Ursin*, on a trouvé aussi quantité de médailles qui font juger que des troupes romaines y ont séjourné.

La grande route de France à Berne, Fribourg & autres lieux de la Suisse allemande, passe par cette ville, qui sert aussi d'entrepôt pour une partie des sels de Bourgogne, destinés pour la Suisse, d'où ils sont conduits à leur destination par les barques du port.

Une societé, dans laquelle entrerent des personnes du plus haut rang, forma, au milieu du siecle passé, l'entreprise d'établir un canal qui devoit joindre le lac *d'Yverdon* & de Geneve en partant *d'Yverdon*, & tendant à Morges, sur une longueur de six à sept lieues ; cet ouvrage, qu'on envisageoit comme très-utile pour favoriser le commerce, a été poussé jusques au-dessous de Cossonay, à environ 4 lieues *d'Yverdon* mais le défaut de fonds, & d'autres circonstances l'ont fait discontinuer & abandonner en partie. Actuellement il n'est plus d'usage que jusqu'à Entreroches, où tombe un ruisseau, qui se partage à une lieue plus haut, de maniere qu'une partie de ses eaux se rend dans l'Océan par le lac *d'Yverdon*, & l'autre dans la Méditerranée par celui de Geneve.

Cette ville a été célebre dans l'histoire littéraire par son imprimerie qui s'établit au commencement du XVIIe. siecle ; elle publia sous le nom de *societé caldoresque helvétiale*, plusieurs ouvrages latins, grecs & françois ; le grand ouvrage de Bauhin, *Historia Plantarum*, y parut ; au bout de quelque tems cet établissement languit, & tomba peu après ; l'éditeur de l'Encyclopédie l'a rétabli avec plus d'éclat que jamais ; la multitude d'excellens ouvrages sortis de ses presses, rendront à jamais célebres son nom & celui de la ville.

ZOFFINGEN,

Z

ZOFFINGEN, bailliage du canton de Berne en Suisse. Il y avoit ci-devant dans la ville de *Zoffingen* un college de chanoines avec un prévôt fondé vers 1242 par les comtes de Froburg. Ce collége fut sécularisé en 1528 & changé en bailliage; les revenus sont destinés à l'entretien de plusieurs pasteurs, à des écoles & à des aumones. Le baillif réside dans cette ville, mais il n'y a aucune espece de jurisdiction; au contraire la ville en a une pleniere sur le prieuré & tout ce qui en dépend. Le baillif, qui a le titre de *gouverneur*, *stiftschafner*, est à l'ordinaire en même tems baillif des bailliages libres, lorsque le tour est au canton de Berne.

ZOFFINGEN, ville municipale du canton de Berne, dans une situation très-riante, environnée des plus belles prairies & des champs les plus fertiles. Elle est très-ancienne & on trouve qu'elle avoit déja des murs au IXe. siecle, & le droit de battre monnoie. Elle subit le sort de toute la contrée & fit très-long-tems partie du royaume de Bourgogne. Elle passa ensuite sous la domination des comtes de Spitzenberg, de Froburg, de Hohenberg, de Habsbourg, & enfin dans celle des ducs d'Autriche. Berne la conquit en 1415. & lui accorda la capitulation la plus glorieuſe. Ses priviléges ſont des plus conſidérables, & Berne ne s'eſt reſervé que le petit péage, *geleit*, le militaire & le droit d'y mettre une garniſon. Elle a le droit de glaive, celui de juger ſans appel, &c. Sa juriſdiction a plus d'une lieue à la ronde. Elle a auſſi ſon propre magiſtrat, qu'elle établit elle-même, deux avoyers, un petit & un grand conſeil, pluſieurs autres tribunaux & emplois, des écoles bien en ordre & encouragées par des prix qui ſe diſtribuent annuellement, une jolie bibliotheque, fondée en 1695 avec un médailler conſidérable, ſur-tout en médailles & monnoies Suiſſes.

Le commerce fleurit beaucoup dans cette ville, il y a des fabriques d'indienne, de rubans, & ſur-tout de mi-cotons, à l'imitation de celles de Rouen.

Anciennement on y a frappé beaucoup de monnoies. Ce droit ne s'exerce plus depuis que la ville a paſſé ſous la domination du canton de Berne.

ZUG, prononcez *Zoug*; canton de Suiſſe, le ſeptieme en rang. Il eſt borné au nord & au levant par celui de Zuric; au midi par celui de Schwitz; & au couchant, par celui de Lucerne. C'eſt le pays des anciens *Tugeni*. Il n'a qu'environ 4 lieues de long, & autant de large; mais il eſt dédommagé de ſa petiteſſe par la bonté de ſon terroir. Les montagnes fourniſſent des pâturages; la plaine eſt fertile en bled, en vin & en chataignes. Il y a dans ce canton pluſieurs villages & deux bourgs, outre la capitale qui porte le même nom. Ses habitans font catholiques, & reconnoissent la jurisdiction spirituelle de l'évêque de Constance. Ils sont alliés aux cantons de Lucerne, d'Uri, de Schwitz & d'Underwalden; & quand ils s'assemblent, on les nomme ordinairement la *ligue de cinq cantons*.

Zug, capitale du canton, est située dans une belle campagne, sur le bord oriental du lac de son nom, au pied d'une colline. C'est une jolie ville, dont les rues sont grandes, larges, & les maisons bien bâties. On y voit quatre édifices religieux, entre lesquels est l'église collégiale de S. Oswal. Le chef du canton, appellé *amman*, & dont la charge dure deux ans, réside toujours à Zug avec la régence. Il est pris tour-à-tour dans les cinq communautés qui composent le canton.

ZURIC, *canton de*, canton de la Suisse, & le premier en rang. Il est borné au nord par le Rhin, qui le sépare du canton de Schafouse; au midi par le canton de Schwitz, au levant par le Thourgaw & le comté de Toggenbourg, & au couchant par le canton de Zug.

Le territoire de ce canton fait partie du pays des anciens *Tigurini*, célebres dans l'histoire romaine; car plusieurs années avant que Jules-César commandat dans les Gaules, les *Tigurini* avoient défait l'armée romaine, & tué le consul Lucius Cassius qui la commandoit, & son lieutenant Pison qui avoit été conful. Leur pays appellé anciennement *pagus Tigurinus*, s'étendoit jusqu'au lac de Conſtance; les anciens y marquent deux villes, l'une appellée *forum Tiberii*, & l'autre *Arbor fælix*, qui eſt Arbon. Sous les rois francs, le *Pagus Tigurinus*, s'appella *Durgau* ou *Turgau*, dans lequel pays de Turgau étoit Turig aujourd'hui *Zuric*, comme il paroît par une charte de Louis le germanique. Cette même charte nous apprend que l'on avoit commencé à prononcer *Zurige*, pour Turige, ſuivant la coutume teutonique, où l'on change le T en Z.

Quand les cantons de la Suiſſe formerent une alliance fédérative, ils cédérent la préféance au canton de *Zuric*, à cauſe de la grandeur & de la richeſſe de la ville de *Zuric*. Ce canton conſerve encore cet honneur d'avoir le titre de premier entre les égaux; il ne préſide pas ſeulement aux dietes, mais il a le ſoin de les convoquer, en écrivant des lettres circulaires aux cantons, pour les informer des raiſons au ſujet desquelles on les aſſemble, & pour les prier d'envoyer leurs députés avec les inſtructions néceſſaires. La ville de *Zuric* eſt comme la chancellerie de la Suiſſe, & c'eſt par ce motif que toutes les lettres des ſouverains y ſont portées.

Le canton de *Zuric* eſt d'une étendue conſidérable, & c'eſt le plus grand de la Suiſſe après celui de Berne. On diſtingue les baillifs qui le gouvernent, en trois claſfes : ceux de la premiere font appellés *administrateurs*; ils ont foin de recevoir les rentes, & ils font au nombre de dix : la feconde claffe comprend les baillifs qui demeurent dans la ville de *Zuric*, & qui ne font point obligés d'en fortir : ce font ceux qu'on nomme *baillifs intérieurs*, & on en compte dix-neuf ; la troifieme claffe eft celle des baillifs qui réfident dans les villages & dans les châteaux du canton, pour y exercer leur emploi; & ceux-ci font au nombre de treize. On compte cinq bailliages hors de l'enceinte du canton, & ces bailliages ont chacun leurs loix & leurs coutumes, auxquelles les baillifs ne peuvent rien changer dans l'adminiftration de la juftice. Il y a encore deux villes affez confidérables, favoir Stein fur le Rhin, & Wintherthour, qui font foumifes à la fouveraineté de *Zuric*, mais qui en même tems nomment leurs propres magiftrats, & fe gouvernent felon leurs loix.

Le terroir du canton de *Zuric* eft un pays de montagnes & de plaines que les habitans ont foin de bien cultiver, il produit des grains, tandis que le lac & les rivieres fourniffent du poiffon ; mais la principale richeffe des habitans confifte dans leur commerce & leurs manufactures.

La ville de *Zuric*, capitale du canton, eft fituée fur le penchant de deux collines, à l'extrémité feptentrionale du lac de *Zuric*, d'où fort la riviere de Limmat. Cette riviere partage la ville en deux parties inégales, qui communiquent l'une à l'autre par deux grands ponts de bois.

La ville de *Zuric* n'eſt pas ancienne; mais elle eſt une des plus conſidérables de la Suiſſe, pour ſa beauté & pour ſa puiſſance; elle eſt fortifiée par de larges foſſés revêtus de pierres de taille; ſes rues ſont propres, ſes maiſons aſſez bien bâties, & ſon hôtel-de-ville d'une belle ſymmétrie. Son arſenal compoſé de pluſieurs grands bâtimens, eſt le mieux fourni de toute la Suiſſe.

Il y a dans cette ville une bonne académie, & une vieille bibliotheque aſſez bien entretenue. Les greniers publics ſont toujours fournis de bons bleds; les hôpitaux ſont bien rentés; mais en prenant ſoin de pourvoir ces maiſons de charité de bons revenus, on a pris pour principe d'y ſoulager les pauvres, conformément à leur condition, ſans chercher à les loger en princes.

On ſait que la ville de *Zuric* embraſſa la réformation en 1524 & que Zwingle y contribuat beaucoup par ſes prédications. Depuis ce tems-là cette ville a cultivé les ſciences, & a produit quelques ſavants.

Les Zuricois imiterent le canton de Lucerne, & ſe formerent eux-mêmes en canton l'an 1351. La ville étoit impériale, & n'avoit jamais fait partie de la domination de la maiſon d'Autriche. Albert & Othon d'Autriche ayant formé le projet d'aſſieger cette ville, les bourgeois s'unirent aux quatre cantons; ils s'emparerent du pays qui forme aujourd'hui le canton de Glaris, &

obligerent Albert d'Autriche à les respecter.

La forme du gouvernement de la ville de *Zuric* tient de l'aristocratie & de la démocratie. Ce gouvernement est formé d'un grand & d'un petit conseil, qui composent ensemble le nombre de deux cents douze membres. Le grand en a cent soixante-deux, & le petit quarante-huit : ce qui fait deux cents dix membres, auxquels il faut ajouter les deux chefs de l'Etat que l'on appelle *bourguemestres*. Chaque tribu bourgeoise fournit douze personnes pour le grand conseil, & trois pour le petit.

La ville de *Zuric* est à 18 lieues au sud-ouest de Bâle, & à 23 au nord-est de Berne.

ZURIC, *lac de*, ce lac est un des plus considérables en Suisse. Il a près de dix fortes lieues ou 30000 pas géométriques de longueur, mais il n'excede jamais la largeur d'une lieue. Sa profondeur n'est pas par tout la même, il y a des fonds de 80 toises, & d'autres très-bas, au point qu'au pont de Rapperschwyl on a été obligé de creuser un canal pour y faire passer les navires lorsque les eaux sont basses. Il appartient presque tout entier au canton de *Zuric* : celui de Schwitz & de Glaris, l'abbaye de notre-dame des Hermites & la ville de Rapperswil y ont quelque part. Il est partagé en deux, le lac d'en-haut & le lac d'embas. Le pont de Rapperswyl forme les bornes. Ce pont traverse tout le lac sur la largeur de 1850 pas, il est de bois, sans garde-fou, ni appui, les planches même ne sont pas clouées, pour que le tout céde plus facilement aux vents. Il a été commencé en 1358 par les ducs d'Autriche. La ville de Rapperſwyl l'entretient, & tire en échange un péage. Le lac eſt très poiſſonneux, ſurtout en truites & en lottes. Il eſt de la plus grande utilité à la ville de *Zuric*, tant pour le commerce intérieur, que pour le commerce extérieur, & ſur-tout pour celui d'Italie. Il admet des bâtimens chargés juſqu'à 250 quintaux. On ne ſent cette importance plus vivement, que lorſqu'il eſt gelé, ce qui arrive dans des hyvers bien froids. Les environs de ce lac ſont des plus rians, c'eſt une chaine continuelle de vignes, de prairies, de villages, de beaux bâtimens. Les habitans de ces contrées, ſont très-occupés, non ſeulement à cultiver les différentes productions de la nature, mais auſſi aux fabriques. L'unique iſſue de ce lac eſt la Limmat. On a livré des batailles navales ſur ce lac, & on y a obſervé des trombes. Ce lac donne ſon nom à une des claſſes du clergé de *Zuric*.

ZURZACH, ville aſſez conſidérable dans le comté de Baden, renommée par ſon ancienneté, par ſes deux grandes foires, & par un chapitre de chanoines. On croit que c'eſt le *forum Tiberii* des Romains, d'autres le nomment *Certiacum*, & s'appuyent ſur une inſcription qu'on y a trouvée & que voici.

M. Junio M. F. Volt. Certo
Dom. Vien. Veteran,

*Mill. Leg. XIII. geminæ
   certus eſt amiantus
    pii hæredes fecerunt..*

Les deux foires ſont très-fréquentées. Il y a un concours extraordinaire de marchands de l'Allemagne, de la Suiſſe, & même de la France, ce qui rapporte des ſommes conſidérables à cette ville. La juriſdiction ſur la ville appartient à l'évêque de Conſtance, excepté pendant un certain nombre de jours durant les grandes foires, alors c'eſt le bailif de Baden ſeul qui l'exerce dans toute ſon étendue.

Le chapitre de chanoines à l'honneur de S. Verene eſt très-vieux, c'étoit un monaſtere de l'ordre de S. Benoit. Charles le gros l'incorpora déja en 881 à l'abbaye de Reichenau. Eberard évêque de Conſtance le racheta en 1251 & le convertit en chapitre de chanoines. L'évêque Henri III. lui incorpora le rectorat & le paſtorat de Illingnau en 1368. Les cantons regnans le prirent ſous leur protection en 1468. En 1712 le droit de nommer aux prébendes fut reglé. Les *manſes papales* reſterent à l'évêque de Conſtance. Les places de prévôt, doyen & cuſtos, de même que les places de chanoines devenant vacantes dans les mois non papaux, ſont données par le bailif de Baden, qui cependant eſt borné à une eſpece d'alternative.

ZWINGEN, bailliage de l'évêché de Bâle, réuni à l'évêché depuis l'extinction des ſeigneurs de Ramſtein qui le poſſédoient depuis 1459. Le baillif réside au château de ce nom. Il a un secrétaire baillival & un fiscal sous lui. Le bailliage est très-fertile en grains, en champs & en forêts. Il comprend la ville de Laufen qui est petite, mais belle & régulierement bâtie. Il y a un grand passage de marchandises, ce qui fait fleurir les métiers dans cette ville. Elle a un conseil & un bourguemestre. Le maire préside aux assemblées. Elle avoit été hypothequée aux comtes de Thierstein en 1354, mais elle a été rachetée. Une grande partie des habitans, sur-tout de la ville, avoient embrassé la réforme; mais ils furent forcés par Jacques-Christoph Blarer évêque de Bâle, d'y renoncer, malgré le traité conclu à ce sujet, en 1585, avec le canton de Bâle, en vertu duquel les deux religions devoient être tolérées dans ces contrées & jouir des mêmes libertés.

Chacun n'étant pas également instruit de la constitution des diverses charges dont il est parlé dans cet ouvrage, nous croyons que le lecteur verra avec plaisir, qu'on lui en donne une petite explication. Nous avons encore ajouté quelques articles politiques, concernant la Suisse, qui malgré qu'ils ne fassent pas partie d'un dictionnaire géographique n'en sont pas moins interessant, & c'est par là que nous terminerons ce livre.

BANNERETS ci-devant BANDERETS; c'est le titre que l'on donne en Suisse à quelques-uns des premiers magistrats civils dans plusieurs villes, à raison de l'usage où ils étoient anciennement de porter la banniere de la ville ou du quartier. A Berne, il y a quatre *Bannerets*, qui sont du petit conseil; ils sont élus pour quatre ans; chacun d'eux a la jurisdiction sur un certain district, aux environs de la ville, qu'on appelle *banniere*; ils ont sous leurs ordres des officiers nommés *freyweibel*, qui sont paysans, & qui ont l'inspection sur le militaire, & sur ce qui est du ressort du juge criminel. Les *bannerets* sont encore assesseurs du conseil secret; ils forment, sous la présidence du trésorier, la chambre économique, qui a l'inspection sur tout ce qui a du rapport aux finances, aux bâtimens du pays, & qui forme la cour féodale; c'est encore à cette chambre qu'on renvoye l'examen des affaires les plus importantes. Dans quelques villes & bailliages de la partie allemande de ce canton, il y a des *bannerets* qui gouvernent le bailliage en l'absence du baillif, & qui ont d'autres prérogatives. Dans la partie françoise du même canton, & dans le pays de Vaud, ce terme désigne pour l'ordinaire le premier magistrat de police d'une ville; c'est lui qui préside aux conseils, qui donne l'entrée, qui propose les matieres, qui recueille les suffrages, & qui fait les rapports des délibérations; c'est ainsi qu'il se prend à Yverdon, dans les trois autres bonnes villes du pays, & dans quelques autres. A Lausanne, il y a quatre *bannerets*, qui se tirent des quatre bannieres de la ville, & qui forment la chambre économique sous la présidence du bourguemestre. A Vevey, c'est la seconde personne du conseil.

Les fonctions de cet emploi varient encore dans les autres cantons. A Lucerne, il y en a plusieurs, dont les fonctions sont purement militaires. A Fribourg, il y en a quatre qui sont du grand conseil, mais qui assistent dans le petit, comme des espèces de tribuns du peuple; chacun d'eux a l'inspection sur un quartier, soit banniere de la ville;

ils ont de plus, l'intendance sur les vivres, sur la police, & sur une partie du militaire. A Soleure le *banneret* est la troisieme personne de l'Etat; il est le premier trésorier, le président né des tribunaux chargés de l'économie, du commerce, de la direction des sels, de celle des orphelins, des pauvres, des écoles, *&c.* Cette charge sert pour l'ordinaire d'acheminement à celle d'Avoyer. A Bienne, le *banneret* est aussi la troisieme personne des conseils: il paroit y avoir conservé les fonctions attachées originairement à cet emploi; il est le chef du militaire, & en cette qualité, tout homme portant armes dans ce qui releve de la banniere de cette république, lui prête serment; & lui, de son côté, prête serment de veiller à la conservation des droits des bourgeois, comme une espece de tribun du peuple. A Neuchâtel le *banneret* est la troisieme personne des conseils, il est appellé à porter la banniere de la ville dans l'occasion; c'est l'homme ou le tribun du peuple, le conseil & l'organe des veuves & des orphelins, & le président né de diverses chambres.

BOURGUEMESTRE, on donne en Suisse le nom de bourguemestre aux chefs de plusieurs villes, sur-tout de celles où la bourgeoisie est partagée en tribus, dont chacune fournit un nombre fixe de membres du gouvernement, comme à Zuric, Bâle, Schaffousen, St. Gall, Coire, Mulhausen, Bienne. On a parlé de leurs fonctions aux articles de ces villes.

A Fribourg, c'est un magistrat établi pour avoir l'inspection sur les mœurs des bourgeois & des habitans de l'ancien territoire; il décide des petites querelles &c. Il est toujours du petit conseil.

A Soleure, le bourguemestre, pris de même du nombre des membres du petit conseil, a l'inspection sur la police, il est assesseur né de la justice inférieure & du consistoire.

CANTONS SUISSES, par ce terme on désigne ordinairement les XIII petits Etats indépendants qui composent la république confédérée des Suisses. Le mot de *canton* n'est point usité dans les actes publics & dans le style de chancellerie. Les Suisses emploient à sa place celui de *Ortlieu*, lequel pris dans une signification plus étendue, pour district, est synonyme avec le sens du mot *canton* dans la langue françoise. C'est donc vraisemblablement des François que les Allemands ont reçu le mot de *canton*, qui chez les derniers n'a aucun sens propre; & les auteurs Suisses l'ont adopté par imitation des étrangers. Il y a cette différence entre l'usage du mot *canton*, qu'en allemand on écrit souvent *kanton*, & du mot *ort*, que ce dernier s'applique, non-seulement aux treize *cantons*, mais quelquefois aussi aux petits Etats leurs associés en Suisse; on dit: *Lœbliche orte*, les louables *cantons*, & *Zougewante orte*, tels que l'abbé & la ville de S. Gall, Bienne, Mulhausen, les Grisons, le Vallais. C'est sous ce titre simple & modeste, de louables lieux ou districts, que les premiers confédérés Suisses ont commencé à jouir de leur heureuse indépendance, plus jaloux de la réalité de la liberté que de l'appareil de la puissance.

CONFÉDÉRATION HELVÉTIQUE. Cette dénomination, dont quelques auteurs font usage, pour désigner la république confédérée des ligues Suisses, n'est pas exacte, ni adoptée dans le droit public. Nous renvoyons le lecteur à l'article CORPS HELVETIQUE.

CONFÉDÉRÉS. On donne ce nom en Suisse à quelques Etats, qui sont étroitement liés par des alliances avec les cantons ou une partie d'entr'eux, sans être compris dans l'alliance même des cantons. Ils sont cependant du corps helvétique & jouissent de ses priviléges: ces Etats sont l'abbé de S. Gall, la ville de S. Gall, les Grisons, le Vallais, Mulhausen, Bienne, la principauté & la ville de Neuchâtel, Geneve, & le prince évêque de Bâle. La ville de Rothweil en étoit aussi, mais elle ne l'est plus. Ces Etats ne sont pas traités également par les cantons. L'abbé & la ville de S. Gall, de même que Bienne, ont le droit d'envoyer deux députés aux dietes, & ils y ont leur voix décisive tout comme les députés des cantons. Les autres ne sont appellés que dans des cas extraordinaires, & où ceux qu'on appelle sont aussi intéressés. Mulhausen envoye des députés aux dietes particulieres des cantons protestans. Les détails ultérieurs fe trouvent à l'article de chacun de ces Etats. Les Suiffes leur donnent le nom de *Zugewante Orte*.

CONFESSION HELVETIQUE, c'eft la regle de foi des Etats proteftans de la Suiffe. Il y en a proprement trois. La premiere a été dreffée à Bâle par Jean Oecolampade & publiée en 1536. La feconde parut auffi à Bâle en 1535. Mais celle qui a été le plus généralement reçue & la feule qui fubfifte actuellement, a été publiée en 1566, & Henri Bullinger en eft l'auteur. Elle fut d'abord adoptée par Zuric, Berne, Shaffoufe, St. Gall, les Grifons, Mulhaufen & par Bienne. En 1644 les cantons de Glaris, de Bâle & d'Appenzell y accèdérent : elle a été reçue auffi des églifes proteftantes en Ecoffe, en Hongrie & en Pologne. On en a des traductions en allemand, en françois, en anglois, en polonois, en hollandois, en hongrois, en arabe & en langue turque.

CONGRES, les Grifons donnent ce nom aux affemblées des chefs des trois ligues & de leurs adjoints, qui fe tiennent annuellement à Coire, fur la fin de Janvier. On y examine les réponfes données par les communes fur les articles qu'on leur a communiqués ; on en forme le réfultat d'après la pluralité des voix des dites communes, & on le leur renvoye pour leur conduite. Tout ceci occupe quinze jours à trois femaines. Chacune des trois ligues y envoye trois députés outre le chef de la ligue.

DIETES *chez les Suiffes*, c'eft ainfi qu'on
defigne

désigne en françois, les assemblées des députés des cantons Suisses. On les appelle en allemand *tagsazung*, *tugleistung*, c'est-à-dire, journées assises. Ces assemblées sont générales ou particulieres, ordinaires ou extraordinaires. Dès les premiers commencemens d'une ligue fédérative entre les petits Etats, qui successivement formerent le corps helvétique, avant que ces peuples prétendissent à l'indépendance de l'empire germanique, avant que leurs ligues deffensives prissent la forme d'une confédération reguliere & générale, les divers cantons étoient convenus, chacun avec ses voisins & alliés, d'un lieu de conférence, déterminé par les traités, pour servir de rendez-vous à leurs députés, tant pour les négociations au sujet de leurs intérêts réciproques, que pour les prononciations des arbitres dans les différends qui les divisoient, *v.* CORPS HELVETIQUE. Quand toutes ces ligues particulieres se trouverent fondues dans la premiere confédération générale, d'abord entre les huit anciens cantons, ensuite entre ceux-ci & les cinq cantons, qu'ils s'associérent successivement; à mesure que les victoires répétées des Suisses rendirent leurs armes respectables aux nations voisines, les assemblées de leurs députés devinrent plus nombreuses & plus fréquentes; les intrigues des puissances étrangeres les rendirent célèbres; & souvent y introduisirent la corruption & les divisions. Des conquêtes, que divers cantons avoient faites à frais communs & qu'ils

Tom. II. S

conferverent en indivis, occafionnerent l'établiffement des *dietes* annuelles, dans lefquelles on s'habitua de traiter des intérêts nationnaux, & de donner audience aux ambaffadeurs.

Ces *dietes* annuelles & ordinaires s'affembloient ci-devant à Baden dans l'Argau. Dans le traité de paix, de 1712, qui a terminé la guerre, entre les cantons de Zuric & de Berne d'une part, & les cinq cantons, Lucerne, Uri, Schweitz, Underwalden & Zoug de l'autre; ces derniers ont renoncé à leur part dans la co-régence du comté de Baden. Dès-lors les *dietes* générales, qui s'affemblent annuellement au mois de Juillet, ont été transférées à Frauenfeld, petite ville & chef-lieu de la Tourgovie. Le nom de *diete* générale & annuelle pourroit, mal-à-propos, faire confiderer ces affemblées des députés Suiffes, comme des Etats généraux, ou un corps repréfentatif chargé de quelque dépôt de pouvoir législatif ou d'adminiftration nationale. Tout les petits Etats réunis dans la ligue de la confédération helvétique, forment chacun une république abfolument indépendante. Libres de contracter des liaifons avec d'autres puiffances, fous la réferve feule de leur engagement fédératif & réciproque, ces républiques n'ont ni des troupes, ni un tréfor, ni aucun autre objet de régie en commun. Pour toutes les négociations publiques, leurs députés n'apportent aux *dietes* que des inftructions limitées, & ce n'eft qu'en vertu d'un ordre

& pouvoir spécial qu'ils peuvent conclure, & terminer des affaires intéressantes. Faisons mieux connoître la forme & les objets de ces assemblées.

Pour toutes les *dietes* générales, ordinaires ou extraordinaires, c'est le canton de Zuric, qui en vertu de son premier rang & du dépôt de la chancellerie helvétique, qui lui est confié, fixe le tems & le lieu des assemblées, & les convoque par une lettre circulaire. Quant aux conférences entre plusieurs cantons, sur des objets qui n'intéressent pas le canton de Zuric, c'est alors le plus ancien des cantons, suivant l'ordre établi entr'eux, qui invite les autres à députer leurs représentans. Les députés du premier canton tiennent le haut bout de la salle ; les autres députés se rangent des deux côtés, suivant le rang des cantons Dans les assemblées générales, quelques députés sont placés dans un second rang à main droite ; ceux de quelques alliés, auxquels un long usage a procuré le droit d'assister à ces *dietes*, tels que les députés de l'abbé & de la ville de S. Gall, des villes de Bienne & de Mulhausen (*), se rangent au bas du

(*) A l'occasion des troubles intérieurs dans la ville de Mulhausen, sept cantons, choqués du peu de déférence des Mulhausois pour leur médiation, renoncerent à l'alliance avec cette ville. *v.* CORPS HELVETIQUE & MULHAUSEN. Malgré leurs démarches soumises & l'intercession réitérée des cantons protestans, ils n'ont pu

cercle, où sont aussi placés le baillif du lieu, qui a, comme nous le dirons plus bas, sa fonction particuliere, & la chancellerie, représentée par une personne d'office de la chancellerie de Zuric, aidée par le secrétaire baillival.

Chaque canton se fait représenter par deux députés. Les cantons d'Underwalden, de Glaris & d'Appenzell, partagés chacun en deux districts, envoyent un député pour chaque district. L'ouverture de la séance se fait, à huis ouverts, par un compliment prononcé à tour par le premier député de chaque canton ; les seuls députés des trois cantons susmentionnés font leur compliment, chacun séparément. On appelle cette cérémonie la *salutation helvétique* ; c'est un remerciment adressé aux représentans, pour les souverains leurs constituans, de leur bienveillance, fidélité confédérale, amitié & bon voisinage, avec les assurances des mêmes sentimens réciproques ; c'est en même tems une profession publique & solemnelle de reconnoître les engagemens & les obligations des anciens traités & confédérations. Dans l'origine de la ligue, ces traités exigeoient le renouvellement du serment de toutes les

obtenir des cantons catholiques la grace de rentrer dans l'alliance. Cependant ces derniers ont consenti depuis peu, d'admettre aux *dietes* les députés de Mulhausen, & reconnoissent par cette admission leur qualité d'alliés du corps helvétique.

communes des divers cantons, tous les cinq ou tous les dix ans; avec la clause, toutefois que l'interruption de cette solemnité ne dérogeroit point à l'effet & aux engagemens des alliances. La possession tranquille de la liberté, l'expérience constante du zele & de la fidélité des confédérés, firent négliger, comme superflus, le renouvellement de ces fermens, & lorsque des mesintelligences paroissoient les exiger, le partage de la nation en matiere de religion, fit naître un obstacle, par la difficulté de s'accorder sur la cérémonie & les formules. Cependant tous les traités & actes publics entre les confédérés rapellent les premieres alliances, & toutes les *dietes* en occasionnent une profession publique, circonstance qui rend cette cérémonie de l'ouverture publique des *dietes*, d'autant plus importante & respectable.

Les députés du premier canton proposent les matieres à traiter. On commence par les affaires générales; à moins qu'un des Etats confédérés, ou l'ambassadeur d'une puissance étrangere ne demande la convocation d'une *diete* extraordinaire, les affaires générales sont renvoyées à la *diete* annuelle de Frauenfeld. C'est le baillif de la Tourgovie qui dans cette assemblée invite les députés, successivement, à opiner sur le sujet proposé. Dans les cas que l'assemblée peut décider, le baillif jouit d'une voix prépondérante dans la parité des suffrages; ces cas sont bien rares & ne peuvent regarder que des résolutions provisionnelles. Com, munément les matieres proposées sont toutes prises, *ad referendum*; c'est-à-dire, à être rapportées à leurs constituans ; & si ces objets ne sont pas fort pressans, on renvoye la délibération à une autre *diete*. Après que les objets, qui touchent l'intérêt général, ont été discutés, une partie des députés se retirent de la *diete*, en prenant congé par un nouveau compliment d'étiquette, & la chancellerie expédie à chaque canton un double du recès, qui contient les résultats des délibérations.

Alors cette *diete* annuelle change de forme & d'objet. Elle devient une assemblée des représentans des divers cantons qui ont part à la jurisdiction sur les bailliages communs. Les baillifs rendent compte à l'assemblée des bamps & des revenus appartenants aux Etats ; ils soumettent leur gestion à l'examen de la *diete*, qui confirme & redresse les sentences prononcées par des baillifs sur des causes civiles, portées par appel devant cette assemblée : dans ces cas chaque député présent, a suffrage en qualité de juge, & le baillif prononce en cas de parité des suffrages. Au reste, ces jugemens de la *diete* ne sont pas en dernier ressort; dans les causes majeures on peut en appeller devant les cantons même. Alors le tribunal supérieur dans chaque canton prononce, & la sentence forme un nouveau suffrage; toutes ces prononciations sont communiquées aux parties, & modifiées au baillif pour exécuter ce que la pluralité a décidé. Cette forme judiciaire doit prolonger les procès & accumuler les frais.

Les baillifs de la Tourgovie de Rheinthal, du comté de Sargans, & de la partie supérieure des bailliages libres, rendent compte à la *diete* de Frauenfeld. Il se tient annuellement au mois d'Août une assemblée ou *diete* des députés de douze cantons à Lugano ou à Locarno; elle a pour objet, l'administration des quatre bailliages ultramontains sur les confins de la Lombardie. Il est d'usage de n'envoyer à cette *diete* qu'un seul député de chaque canton. Une pareille session a lieu à Baden, entre les députés des trois cantons, Zuric, Berne & Glaris, au sujet des bailliages de Baden, & de la partie inférieure des bailliages libres. Les cantons Uri, Schwitz & le bas Underwalden, envoyent des députés à une session particuliere relative à quatre vallées sur les confins du Milanois, dont ils ont la souveraineté. Les Etats de Berne & de Fribourg ont établi entr'eux une conférence, de deux en deux ans, à Morat, pour les quatre bailliages, que ces Etats gouvernent en commun, &c. Toutes ces *dietes* ou conférences, par rapport à la vocation des députés d'examiner la conduite des baillifs & l'administration des provinces sujettes, sont appellées *sindicats* ou *session de controle*.

Nous observerons encore que les cantons aristocratiques défrayent leurs députés & reglent leur part aux épices & émolumens. Les cantons démocratiques, au contraire, laissent à leurs représentans le soin de se dédommager de leur dépense sur le produit de leur commission : méthode qui pourroit un jour occasionner de grands abus, si la cupidité, sous ce prétexte, introduisoit la corruption parmi les surveillans même des juges inférieurs & des baillifs ; & cet inconvénient est d'autant plus à craindre pour les cantons démocratiques, que les constitutions même de ces Etats établissent une taxe, en faveur de l'assemblée du peuple, sur toutes les charges & commissions un peu lucratives ou honorables.

Outre ces différentes *dietes* ordinaires & annuelles, il se tient quelquefois des conférences particulieres entre deux ou plusieurs cantons, qui ont des intérêts momentanés à regler ensemble. Les cantons catholiques d'une part, les protestans de l'autre, s'assemblent quelquefois par députés, pour les objets qui intéressent leurs églises. Ils forment même à la grande *diete* de Frauenfeld des sessions particulieres pour ces objets.

Le droit public entre les membres du corps helvétique établit encore une autre sorte de conférences. Ce sont les congrès des arbitres chargés de prononcer sur les différends qui s'élevent entre les cantons même. Les traités de confédération, & ceux d'alliance particuliere entre des cantons voisins, déterminent le lieu de ces conférences pour chaque cas, le choix des arbitres & la forme des jugemens. *v*. CORPS HELVÉTIQUE.

HOCHGERICHT, c'eſt ainſi qu'on nomme les différens diſtricts dans leſquels chaque ligue de la république des Griſons eſt partagée. Il y a des demi *Hochgerichts* & des *Hochgerichts* entiers. Chaque *Hochgericht* ſe partage encore en Nachbarſchafften ou Schnize. Le chef de chaque *Hochgericht* ſe nomme *Land-amman*, en romand *Maſtral du Cumoen*, ou *Maſtral* tout court dans les demi *Hochgerichts*. Il préſide à toutes les affaires civiles, œconomiques & politiques de ſon diſtrict, & généralement auſſi aux cauſes criminelles. Il aſſiſte encore au nom de ſon diſtrict aux aſſemblées nommées *Bundſtage*. Les difficultés entre deux *Hochgerichts* ſe décident par le *Hochgericht* le plus voiſin de la même ligue. Chaque *Hochgericht* forme une eſpece de république, ayant ſon propre gouvernement & tous les droits de ſouveraineté, excepté ceux de guerre & de paix, de conclure des alliances & de faire des loix générales, pour tout le pays. Ces articles ſe décident à la pluralité des voix de tous les *Hochgerichts* enſemble.

HOCHWACHTEN, c'eſt ainſi qu'on nomme les ſignaux ou fanaux établis en Suiſſe ſur les montagnes. Il y a à de certaines diſtances des tas de bois & de pailles ſur les montagnes, avec une chaumiere à côté. Dans des tems de guerre ces ſignaux ont chacun une garde, qui à l'approche de l'ennemi allume le ſignal; le ſignal le plus voiſin en fait de même, & l'allarme ſe porte dans peu d'heures par toute la Suisse & chacun se rend armé à la place qui lui est assignée. Ces signaux sont disposés de façon que l'un est toujours vû de deux ou de plusieurs autres.

LAND AMMANN, c'est assez communément le nom des chefs des cantons démocratiques en Suisse, élus par l'assemblée générale du canton ; mais comme il y a encore d'autres places qui prennent ce nom, nous allons entrer dans quelque détail.

A Uri, il est obligé de résigner sa charge après un an de service, mais à l'ordinaire il est confirmé pour une deuxieme année. Il est le président de l'assemblée générale, des conseils, &c.

Il en est à peu près de même à Schwitz.

A Underwalden, il ne reste qu'un an en place ; mais il a d'ailleurs les mêmes prérogatives.

A Zug, il a proprement le nom d'*Amman*. Cette place alterne entre la ville & chacune des trois communautés. Celui qui est tiré de la ville reste trois ans en charge, les autres ne le sont que pendant deux ans.

A Glaris, il reste aussi deux ans en charge, mais il y a plusieurs reglemens à ce sujet, qu'il seroit trop long à détailler.

Il en est à peu près de même à Appenzell. Celui qui n'est pas en regne occupe la charge de banneret.

Celui de Gersau reste aussi deux ans en place, & il est pareillement le chef de cette petite république.

La plupart des chefs des *hochgerichts* & des demi *hochgerichts* des Grisons portent le même nom.

Le *Land-amman* de Thurgovie est un établissement tout-à-fait particulier & qui n'a de commun que le nom. Il est toujours de la religion réformée. Zuric, Berne & Glaris le fournissent à tour, & chacun est en place pendant dix ans. Cette place est très-importante, il doit veiller à l'exécution du traité de paix conclu en 1712, & connu sous le nom de *landsfrieden*, & s'opposer à ce qu'on voudroit entreprendre de contraire. Il doit veiller à la conservation de la religion protestante, qu'on ne gêne pas l'exercice libre de leur culte, qu'on n'oblige personne à changer de religion, &c. Il est le seul juge dans tout ce qui concerne les églises protestantes, leur construction, leurs reparations, &c. Il est le tuteur général de toutes les veuves & orphelins dans les hautes jurisdictions de la Thurgovie, & cela sans égard à la religion. Il est aussi un des conseillers du baillif de Thurgovie.

LANDRATH, c'est le nom du conseil ordinaire dans les cantons démocratiques & qui est souvent doublé & triplé selon que les circonstances & l'importance des matieres l'exigent. On donne aussi ce nom aux assemblées des députés des dizains du Vallais, au conseil de Gersau, aux assemblées des conseils populaires au Toggenbourg, à Uznach, Gaster, &c. On a vu quelques détails à l'article de chacun des cantons démocratiques & du Vallais. C'est ce conseil qui a le gouvernement en mains, & qui peut convoquer extraordinairement les assemblées générales, selon qu'il le juge nécessaire. Il décide des causes civiles, criminelles, &c.

LANDSCHAFFT, *Alte-* Il y a proprement deux districts de pays en Suisse, auxquels on donne ce nom, l'un dans le canton de Fribourg, & l'autre dans les terres de l'abbé de S. Gall.

Dans le canton de Fribourg, c'est un district de 18 lieues d'étendue, qui comprend 27 paroisses. Les habitans ont des priviléges considérables. Ils établissent de concert avec les bourgeois de Fribourg, les deux avoyers du canton, d'après le choix de quelques personnes que les conseils ont le droit de proposer. On y remarque surtout les bains de Bonn, l'hermitage & l'abbaye d'Hauterive.

Dans le territoire de l'abbaye de S. Gall, on donne le nom d'*Alte-Landschafft* à tout ce qui appartenoit à cette abbaye, avant l'achat du comté de Toggenbourg. Cette province est partagée en quatre bailliages dont on a parlé à leur place.

LANDSGEMEIND. C'est ainsi qu'on nomme en Suisse les assemblées générales des cantons démocratiques. Elles forment le souverain. Chaque citoyen du canton âgé de 16 ans, a le droit d'y assister; à Uri & à Underwalden, il n'en faut que 14.

Chacun est armé d'une épée, & tous font obligés de s'y trouver sous des peines severes. On y décide les affaires les plus importantes du canton, les loix, les impôts, la paix, la guerre, les alliances, les traités, l'élection des magistrats, des députés ou ambassadeurs, la reception des nouveaux citoyens, les recrues, &c. A Uri on s'assemble à Bezlingen. Ibach est la place d'assemblée du canton de Schwitz. L'assemblée du canton d'Underwalden-ob-dem-Wald se fait au Landenberg, prairie près de Sarnen, ou sur l'hôtel de ville à Sarnen; Underwalden-nid-dem-Wald, à Weil sur l'Aa près de Stanz. A Zug la place d'assemblée est dans la capitale : il y a outre cela encore des assemblées particulieres de la ville & des trois communes, dont chacune se tient chez eux : dans ce dernier cas, la ville seule balance les décisions des trois communes, & si une d'elles se joint à la ville, alors elle a la pluralité en sa faveur. La partie protestante du canton de Glaris s'assemble à Glaris sur les communs, & la partie catholique à Naefels sur les communs. Le canton d'Appenzell catholique s'assemble à Appenzell, & la partie protestante alternativement à Trogen & à Hundweil.

On donne le même nom aux assemblées générales à Gersau, à celles des hochgerichts ès Grisons, à celles du Toggenbourg, &c. ce qui seroit trop long à détailler.

LANDSHAUPTMANN. Dans les cantons

démocratiques en Suisse, c'est le premier officier militaire, & un des chefs du gouvernement; il est assesseur né de tous les conseils, & il prend soin de tout ce qui concerne le militaire.

A S. Gall, c'est une charge particuliere qui roule entre les cantons de Zuric, Lucerne, Schwitz & Glaris, de deux en deux ans. C'est une suite du traité conclu entre ces quatre cantons & l'abbé en 1490. Il reside à Wyl. Etant représentant des quatre cantons, il a le rang immédiatement après l'abbé dont il est aussi le conseiller secret. Il peut assister à la cour Palatine & aux cours de judicature pour les amendes dans toute l'Alte-Landschafft, & il retire aussi une portion des amendes qu'on y dicte.

Dans le Vallais c'est le chef de la république qui porte ce titre. Ses fonctions sont à peu près les mêmes que celles des Landammans.

Il y a encore d'autres places de ce nom en Suisse, mais étant peu considérables, nous les passons sous silence.

SINDICAT, On donne ce nom en Suisse aux assemblées des députés des différens cantons, pour examiner la conduite & les comptes de leurs baillifs communs, pour juger des appels qui surviennent, pour redresser les torts, pour établir de bonnes loix, pour présenter les nouveaux baillifs aux sujets & à s'en faire rendre hommage, &c. De pareils *Sindicats* ont lieu de la part des douze cantons à Lugano & Locarno, de celle des trois cantons Uri, Schwitz & Underwalden, à Bellenz & à Bollenz, de Schwitz & Glaris à Gaster & Uznach, des Grisons en Valteline, comté de Chiavenne & seigneurie de Bormio, &c.

F I N.

www.ingramcontent.com/pod-product-compliance
Lightning Source LLC
Chambersburg PA
CBHW070754170426
43200CB00007B/776